はじめに

　何かの役になりきり、衣装を着て舞台に立ち、人前で演じる劇あそびは、子どもにとってはとても刺激的で楽しい体験です。セリフや歌を覚え、保育者や友だちと協力しながら、またときにはぶつかり合いながらひとつの舞台を作り上げることは、大きな達成感や自信につながり、大きな成長の機会にもなります。また、園生活の中でのかけがえのない思い出として、劇あそびの体験は、いつまでも子どもの心に刻まれることでしょう。

　また、親御さんにとっても、我が子が舞台で演じる姿を見ることは、子どもの成長を実感でき、喜びをかみしめられる嬉しい瞬間です。

　本書は、「みんなかがやく！名作劇あそび特選集」として、子どもたち一人ひとりがみんな輝けるようなお話をセレクトして、まとめました。グリム童話やイソップ物語をはじめ、海外、国内の数ある名作童話や昔話などの中から、劇あそびにふさわしく、またそれぞれタッチの違う著名な名作を幅広く取り上げ、劇あそび用に一部お話を作りかえたり省略したりして、子どもたちが演じやすいようにアレンジしています。また、CDに収録された歌入りの曲や、ピアノ伴奏、効果音などは、お遊戯会でそのままお使いいただけます。

　保育者の皆様や子どもたちの劇あそびの活動に、本書をお役立ていただければ幸いです。

上　明美

もくじと登場人物

※（　）内は登場人物の人数の目安です。

浦島太郎 ＜日本の昔話＞ …………… 3
浦島太郎（1）、カメ（1）、お父さん（1）、お母さん（1）、子ども（2〜3）、乙姫様（1）、タイ（3〜5）、ヒラメ（3〜5）、ナレーター（3）

ジャックと豆の木 ＜イギリスの昔話＞ … 14
ジャック（1）、お母さん（1）、牛（1）、町の人-男（2〜3）、町の人-女（2〜3）、おじいさん（1）、リス（3〜5）、鬼（1）、召使い（2〜4）、ナレーター（3）

はだかの王様 ＜アンデルセン物語＞ …… 26
王様（1）、男（詐欺師）（3〜4）、大臣（1〜2）、家来（2〜3）、子ども（3〜4）、町の人（3〜4）、ナレーター（3）

金のおのと銀のおの ＜イソップ物語＞ … 40
木こり（1）、木こりの仲間（5〜7）、欲張りな木こり（1）、ウサギ（3〜5）、神様（1）、家来（2〜3）、ナレーター（3）

金太郎 ＜日本の昔話＞ …………… 49
金太郎（1）、母親（1）、殿様（1）、家来（2）、サル兼ナレーター（3）、ウサギ（2〜3）、キツネ（2〜3）、クマ（2〜3）、鬼（2〜3）

赤ずきん ＜グリム童話＞ …………… 60
赤ずきん（1）、お母さん（1）、リス兼ナレーター（3）、村人（2）、オオカミ（1）、ミツバチ（3〜5）、ウサギ（3〜5）、おばあさん（1）、猟師（2〜3）

みにくいアヒルの子 ＜アンデルセン物語＞ … 72
みにくいアヒルの子（1）、アヒルの子（3〜5）、お母さんアヒル（1）、カラス（2〜3）、ネコ（2〜3）、おじさん（1）、おばさん（1）、白鳥（3〜5）、花の精兼ナレーター（3）

ヘンゼルとグレーテル ＜グリム童話＞ … 84
ヘンゼル（1）、グレーテル（1）、お父さん（1）、お母さん（1）、ウサギ（3〜5）、小鳥（3〜5）、おばあさん＜魔女＞（1）、森の精（2〜3）、リス兼ナレーター（3）

まんじゅうこわい ＜日本の昔話＞ …… 96
若者-男（8〜10）、若者-女（8〜10）、松ちゃん（1）

3匹の子ブタ ＜イギリスの昔話＞ …… 106
子ブタ（3）、お母さんブタ（1）、ウサギ（2〜3）、キツネ（2〜3）、タヌキ（2〜3）、オオカミ（3）、リス兼ナレーター（3人）

白雪姫 ＜グリム童話＞ …………… 119
白雪姫（1）、おきさき兼おばあさん（1）、家来（2）、小人（7）、リス（2〜4）、王子様（1）、小鳥兼ナレーター（3）

王様の耳はロバの耳 ＜ポルトガルの民話＞ … 131
王様（1）、家来（2）、床屋（1）、神父（1）、アシ（3〜4）、風（3〜4）、町の人（4〜6）、ナレーター（3）

誌面構成や各項目などについて

❶【対象年齢】ここで示している対象年齢は、あくまでも目安です。これ以外の年齢でも、劇あそびが可能な場合がありますので、保育者の皆様がご判断ください。

❷【CDトラックナンバー】歌や効果音のCDトラックナンバーです。歌は、歌入りとカラオケのトラックがあります。

❸【あらすじ】各ストーリーの概要です。シナリオをお読みいただく前にこちらをお目通しいただくと、お話の全体構成がわかりやすいでしょう。

❹【キャスト】人数は目安です。クラスの人数に合わせて、うまく調整してください。また、衣装イメージはあくまでも参考例ですので、これをヒントに、保育者の皆様のアイディアで、ぜひオリジナルの衣装を作成してください。

❺【準備するもの】舞台上で使用する大道具や小道具などです。これをヒントに、保育者の皆様がそれぞれアレンジして、オリジナルのものを作成してください。

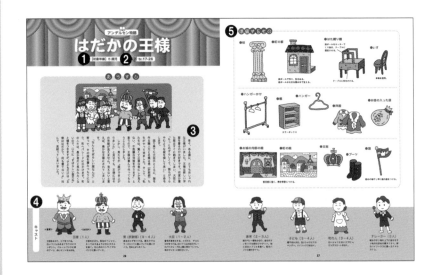

【補足とヒント】
❷ 本番で使うトラックを、あらかじめ編集しておくといいでしょう。
❸ 子どもたちがあまり知らないお話の場合は、まずこのあらすじを読んであげるといいでしょう。
❺ 舞台上に置く大道具などのことを「書き割り」と言います。

❻【舞台イメージ】各幕ごとの舞台イメージをイラストで示しています。舞台全体のイメージや、演じる際の子どもの立ち位置、舞台上の書き割りの位置などの参考にしてください。

❼【シナリオ】各登場人物のセリフは、極力短くしてあります。クラスの人数に合わせて、配役やセリフを分けたり、つなげたりしてください。

❽【歌・効果音など】すべての歌の歌入りとピアノ伴奏（カラオケ）、そして効果音が、CDに収録されており、お遊戯会でそのままお使いいただけます。楽譜は各お話の最後に掲載してあります。

❾【動き・アドバイスなど】各場面の舞台上の書き割りの位置や、登場人物の動きなどを図で示しています。○の中の文字は、登場人物の頭の文字を示しています（たとえば、木こり＝き、木こりの仲間＝仲など）。また、各場面のポイントや、押さえておきたいことなどのアドバイス、劇あそびを上手く行うコツなども記載しています。

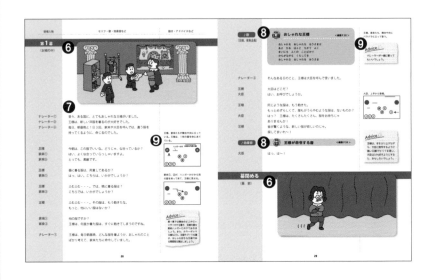

【補足とヒント】
❻ 幕が閉じたときに、幕の前にできるスペースを「幕前」と言います。舞台セットを交換する間などは、幕前で演じて劇をつなげます。
❽ 本番では、実際に保育者の方がピアノを演奏しても、CDをかけても、どちらでもいいでしょう。また歌唱のトラックは、子どもたちが歌の練習をする際にも、お役立てください。
❾ 客席から見て舞台右手を「上手（かみて）」、左手を「下手（しもて）」と言います。通常、上手から登場し、下手に下がる流れが基本になります。

日本の昔話
浦島太郎

【対象年齢】4〜5歳児　CD tr.01-08

あらすじ

昔々、あるところに、浦島太郎という漁師がいました。ある日、浜辺で子どもたちが、カメをいじめているのを見た浦島太郎は、子どもたちからカメを助け、海へ逃がしてやりました。

しばらくして、浦島太郎が海に出て釣りをしていると、そのカメが海から現れ、「助けていただいたお礼に、竜宮城にご案内いたします」と言います。

そして、カメに連れられて竜宮城へ行きます。竜宮城では、乙姫様が出迎えてくれ、おいしいご馳走や美しい魚の踊りでもてなされ、夢のような楽しい日が続きました。

そして、気がつくと3年が経っていました。浦島太郎は、ふるさとに残して来た両親が心配になり、一度家に戻ることにしました。乙姫様は、浦島太郎に玉手箱を渡し、「どんなことがあっても開けてはいけません」と言います。

浦島太郎がふるさとに戻ると、すっかり景色が変わっていました。浦島太郎が竜宮城で過ごした3年は、この世では300年だったのです。そして思わず、乙姫様からもらった箱を開けてしまいました。すると、箱からもくもくと白い煙が立ちのぼり、浦島太郎はたちまち、白ひげのおじいさんになってしまいました。

キャスト

浦島太郎（1人）
<通常>
髪を束ね、水色の綿の合わせとパンツ。ベージュの腰巻にぞうり。

<おじいさん>
（浦島太郎の衣装に加え）綿で白いまゆとひげをつける。前髪を上げピンでとめる。

カメ（1人）
カメのお面に薄緑のTシャツとパンツ。厚紙で甲らを作り、緑にぬって背負う。緑のしっぽに薄緑のタイツ。

お父さん（1人）
紫の帽子に黒くて太いまゆとひげ。白いえりに、グレーの綿の合わせをひもで結ぶ。紫のもんぺにぞうり。

お母さん（1人）
白い頭巾に、薄いピンクの作務衣の上下と白いエプロン。ぞうり。

※キャストの続き、次ページへ→

準備するもの

●岩

●サンゴ

●松の木

●古い民家

●新しい民家

段ボール板で作り、色をつける。
段ボールか大きな積み木で支える。
岩は巧技台で支える。

●海

青いビニールシートを4枚つなげる。

●玉手箱

箱に赤いひもをつける。
箱の中にドライアイスを入れる。

●釣りざお
ナイロンの糸
竹の棒

●テーブル

本物を使用。

●いす

模様をつけた段ボール板を本物のいすの背に貼る。

●ごちそう

ペットボトルに紙を貼る。
プラスチックの器に色画用紙やフェルトで作ったごちそうを盛る。

●竜宮城の中の魚

つやのある紙を使って作る。裏側に両面テープを貼り、幕につける。

子ども（2〜3人）
短かめのゆかたに、青いやわらかい帯。ぞうり。

乙姫様（1人）
髪を2つのおだんごにする。イヤリングに、ピンクのサテン地の合わせの上から薄いショールをはおる。ラメが入っているピンクの生地のロングスカートに、エナメルのくつ。

タイ（3〜5人）
タイのお面に赤のサテン地の合わせのベスト。薄いピンクのやわらかい生地の上着でそで口を広くする。上着と同じ生地のロングスカートに赤いバレエシューズ。

ヒラメ（3〜5人）
ヒラメのお面に青いサテン地の合わせのベスト。黄色のやわらかい生地の上着でそで口を広くする。上着と同じ生地のロングスカートに青いバレエシューズ。

ナレーター（3人）
紺のサテン地の上下に金の蝶ネクタイ。紺のハイソックスに黒いエナメルのくつ。

| 登場人物 | セリフ・歌・効果音など | 動き・アドバイスなど |

第1幕
（浜辺）

ナレーター①	昔々、あるところに、浦島太郎という若い漁師がいました。	浦島太郎は釣りざおを持ち、お父さん、お母さんとともに舞台上手側にいる。
ナレーター②	浦島太郎は、年をとったお父さんとお母さんと3人で暮らしていました。	
ナレーター③	今日も、漁に出かけようとしています。	
浦島太郎	じゃあ、出かけてきます。	
お父さん	気をつけるんだぞ。	
お母さん	行ってらっしゃい。	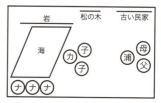

浦島太郎、手をふりながら海に出かける。お父さん、お母さんは手をふりながら上手に下がる。

ナレーター①	浦島太郎が浜辺まで来ると、どこかの子どもたちが、カメをつかまえて、いじめていました。	舞台中央の浜辺では、子どもたちが、カメをたたいている。カメは、しゃがんで頭を抱えている。
子ども①	こんなカメ、たたいてやる！	
子ども②	えいっ、えいっ。	
カメ	痛いよ。やめてよ！	

| ♪効果音 | **CD 05　カメが嫌がっている音**　〈楽譜 P.13〉 | 浦島太郎、子どもたちに近づく。 |

浦島太郎	こらこら、カメがかわいそうじゃないか。やめなさい！	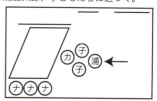
子ども①	ふん、うるさいな。	
子ども②	あっち行っててよ。	
浦島太郎	やめないと承知しないぞ。きみたちだって、たたかれたら痛いだろう。そんなふうに生き物をいじめていると、いつかきっとバチがあたるぞ。	

Advice
浦島太郎は、子どもたちをさとすように、セリフを言いましょう。

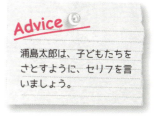

| 子ども①
子ども② | ふん、わかったよ。
じゃあ、行こうぜ。 |

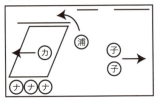

子どもたち、上手に下がる。

| 浦島太郎 | よかった、よかった！　さあ、今、海に戻してあげるからね。 |
| ナレーター② | 浦島太郎は、そう言うと、カメを海に放してあげました。 |

浦島太郎は、カメの手を引いて海に放す。カメは下手に下がる。
浦島太郎、岩の書き割りの後ろの巧技台に乗り、釣りをする真似をする。

浦島太郎	よし、じゃあ今日も、たくさん魚を釣って帰ろう。
ナレーター③ ナレーター①	浦島太郎が釣りを始めてしばらくすると・・・。 さっき助けてあげたカメが現れました。
カメ	先ほどは、助けてくださって、ありがとうございました。 お礼に、あなたを竜宮城にご案内いたします。
浦島太郎	竜宮城？　でも、竜宮城は海の中にあるんでしょう？ どうやって行くんですか？
カメ	はい、私につかまって一緒に来てくだされば、大丈夫です。

カメは下手から海に登場。

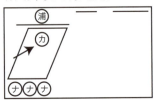

浦島太郎、巧技台を下り、カメに手を引かれて海を進んで下手に下がる。

| ナレーター② | カメは、そう言うと、浦島太郎を連れて海に入って行きました。 |

幕閉める
（幕　前）

ナレーター③	カメは、浦島太郎を連れて、深い海へどんどん入って行きました。
♪効果音	**CD 06　深い海に入って行く音**　＜楽譜 P.13＞
浦島太郎 カメ 浦島太郎 カメ	竜宮城は、深い海の底にあるのですね。 そうですよ。 どんなところなんだろう？ 夢のような、それはそれは素敵なところですよ。

カメ、浦島太郎の手を引き、下手から登場し、上手に下がる。

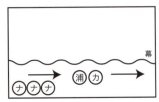

第2幕 - 幕開く
(竜宮城)

ナレーター①	そして、美しい竜宮城に着きました。
浦島太郎	ここが竜宮城か。なんて素敵なところなんだろう。
ナレーター②	すると、きれいな乙姫様が、浦島太郎を出迎えてくれました。
乙姫様	ようこそ、竜宮城へ。 カメを助けてくださったそうで、ありがとうございました。
浦島太郎	いいえ、どういたしまして。
乙姫様	どうぞ、ここでゆっくり過ごしていってくださいませ。
ナレーター③	タイやヒラメたちも、浦島太郎を歓迎してくれました。
タイ①	さあ、こちらにごちそうの準備ができています。
タイ②	とびきりおいしいごちそうを、ご用意いたしましたよ。
タイ③	どうぞ、召し上がってください。
浦島太郎	それは、ありがとうございます。
浦島太郎	わあ、すごいごちそう！ では、いただきます。
浦島太郎	なんておいしいんだ！ こんなにおいしいごちそうは、食べたことがありません。
乙姫様	どうぞ、たくさん召し上がってくださいね。
ヒラメ①	私たちの踊りもお見せいたします。
浦島太郎	それは、嬉しい！ どんな踊りですか？
ヒラメ②	竜宮城にお招きする、特別なお客様のためだけに踊る踊りです。

乙姫様、タイ、ヒラメたちが舞台中央に立っている。
カメと浦島太郎、上手から登場。

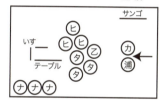

Advice
乙姫様は、上品な感じでゆったりとセリフを言いましょう。

タイたち、浦島太郎をごちそうのある方に促し、浦島太郎はいすに座る。

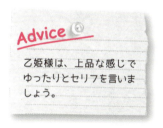

浦島太郎、ごちそうを食べる真似をする。

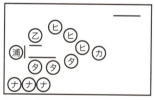

ヒラメ③	どうぞ、ごちそうを召し上がりながら、ゆっくりご覧ください。
♪歌 (タイ、ヒラメ全員)	**CD 01-02 竜宮城へようこそ** <楽譜P.11> ようこそ ようこそ ゆめの おしろ りゅうぐうじょう たのしく たのしく ときを わすれ すごしましょう タイや ヒラメが おどります ヒラリ ヒラヒラ おどります ようこそ ようこそ ゆめの おしろ りゅうぐうじょう すてきな すてきな おとぎの くに りゅうぐうじょう

タイ、ヒラメたち、舞台中央で浦島太郎の方を向いて一列に並び、自由に踊りながら歌う。

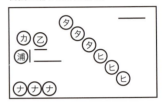

浦島太郎	なんて素晴らしい踊りなんだ！
ナレーター①	浦島太郎は、踊りの素晴らしさに、うっとりしました。
浦島太郎	こんなに夢のようなお城があるなんて。
ナレーター②	そして、浦島太郎は、くる日もくる日も、竜宮城でごちそうを食べ、タイやヒラメの踊りを楽しみました。
ナレーター③	そんな夢のような日が続きましたが、気づくと、いつの間にか３年が経っていました。
浦島太郎	そうだ、ふるさとに残してきたお父さんとお母さんは、今頃どうしているだろう・・・。
ナレーター①	浦島太郎は、ふと、お父さんとお母さんのことが心配になりました。

Advice
浦島太郎、感激している様子を、表情豊かに表現しましょう。

Advice
浦島太郎、一転して心配そうな様子で、セリフを言いましょう。

♪効果音	**CD 07 心配する音** <楽譜P.13>
浦島太郎	乙姫様、ふるさとに残してきた両親のことが心配なので、私は一度、家に帰ります。
乙姫様	そうですか。それでは、この玉手箱を持って行ってください。でも、どんなことがあっても開けてはいけません。このまま、大切に持っていてください。
ナレーター②	乙姫様は、悲しそうにそう言うと、浦島太郎に玉手箱を渡しました。
ナレーター③	そして、浦島太郎はカメに連れられて、竜宮城を後にしました。

乙姫様、いすの横に置いてあった玉手箱を浦島太郎に渡す。

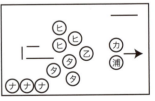

浦島太郎、玉手箱を持って、カメとともに上手に下がる。

幕閉める
（幕前）

浦島太郎	竜宮城はとても楽しくて、気づいたら３年も経ってしまった。お父さんとお母さんは、元気だろうか・・・。
カメ	きっと元気ですよ。
浦島太郎	それならいいんだけど・・・。
カメ	さあ、もうすぐ浜辺に着きますよ。
ナレーター①	浦島太郎は、カメに連れられて海の中をスイスイ進んで、浜辺に戻って行きました。

カメ、浦島太郎の手を引き、上手から登場し、下手に下がる。

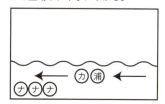

第３幕 - 幕開く
（浜辺）

浦島太郎	浜辺についたぞ。あれっ、でも前とはなんだか景色が違うな。家に行ってみよう。
ナレーター②	浦島太郎は、自分の家のあった場所に行きましたが、家はなくなり、新しい家が建っていて、すっかり様子が変わっていました。

浦島太郎、浜辺の舞台中央から、新しい民家の書き割りに近づく。

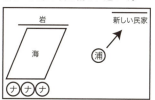

浦島太郎	ここは、どこだ？　何もかもが変わっているぞ。 一体、どういうことなんだ？
ナレーター③	そうです。浦島太郎が竜宮城で過ごしていた３年の間に、 この世では、なんと３００年も過ぎていたのです。

♪効果音

CD 08　衝撃の音　　　　　　　　　　　＜楽譜P.13＞

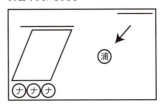

浦島太郎、キョロキョロしながら舞台中央に戻る。

浦島太郎	なんということだ！　どうしたらいいんだろう・・・。
ナレーター①	浦島太郎は、途方に暮れてしまいました。
浦島太郎	そうだ、この玉手箱を開けてみよう。
ナレーター②	そして、浦島太郎は、乙姫様から開けてはいけないと 言われていた玉手箱を開けてしまいました。
浦島太郎	わあ、これはなんだ？
ナレーター③	玉手箱を開けると、中からもくもくと白い煙が立ちのぼって、 浦島太郎は、たちまち、白ひげのおじいさんになってしまいました。

浦島太郎、地面に手をついて崩れる。

浦島太郎、玉手箱を開ける。
玉手箱にはあらかじめドライアイスを入れておく。

浦島太郎、ふらふらしながら上手に下がり、おじいさんの姿になって、再び登場。

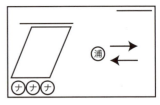

♪歌（全員）

CD 03-04　浦島太郎　　　　　　　　　＜楽譜P.12＞

りゅうぐうじょうで　すごした　さんねん
ゆめの　じかんを　すごして　いたら
さんびゃくねんも　すぎて　いたんだ
たまてばこ　あけた　うらしまたろう
しらがの　おじいさんに　なっちゃった
しらがの　おじいさんに　なっちゃった

全員が再登場し、舞台中央で整列して手をつないで立ち、前後に手をふりながら歌う。

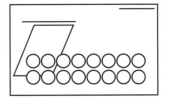

歌い終わったら、ナレーターたちは、舞台左手前に戻る。

ナレーター① ナレーター② ナレーター③	その後、浦島太郎がどうしたかは、誰も知りません。 これで、「浦島太郎」のお話は、 おしまい。

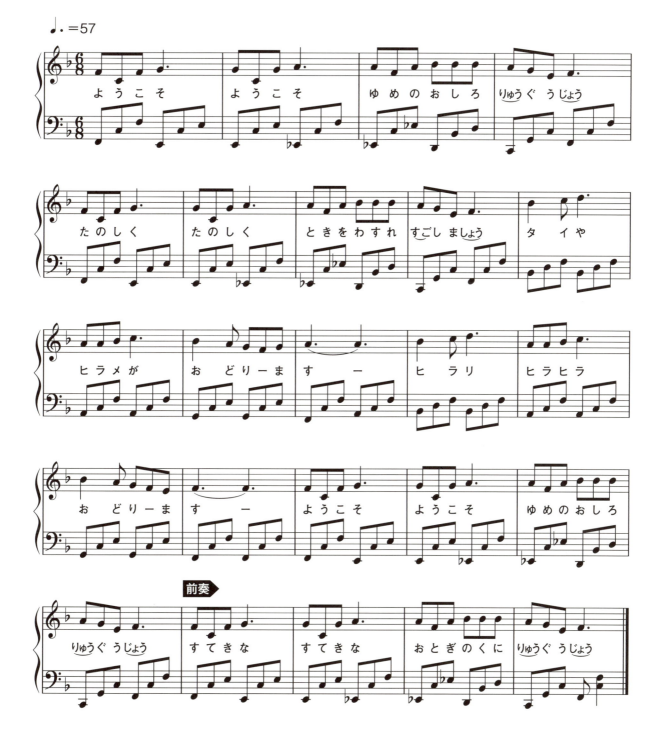

tr.05 カメが嫌がっている音

tr.06 深い海に入って行く音

tr.07 心配する音

tr.08 衝撃の音

ジャックと豆の木

イギリスの昔話

【対象年齢】5歳児　CD tr.09-16

あらすじ

昔あるところに、貧しい家に住むジャックという男の子がいました。ジャックが、お母さんに頼まれて牛を町へ売りに行く途中、ひとりのおじいさんに出会います。そして、おじいさんに「この豆は、天まで伸びる魔法の豆。その牛と取り換えないか」と持ちかけられ、牛を豆と交換しました。でも、家に帰ると、お母さんはカンカンになって、豆を外に投げ捨ててしまいました。

すると、翌朝、豆が太い木になっていて、天まで伸びていたのです。ジャックが木に登って天まで行くと、そこには鬼の家がありました。鬼が帰って来ると、召使いたちがかくまってくれましたが、ジャックは召使いたちがくれた金の竪琴を鳴らしてしまい、ついに鬼に見つかってしまいます。

死に物狂いで木から下りるジャックと、その後を必死で追いかけて来る鬼。ジャックが地上に着くと、慌てて木を切り倒します。そして鬼は木から落ちて倒れてしまいました。

それからというもの、ジャックは召使いたちにもらった金の竪琴と、金の卵を産むにわとりのおかげで、お母さんと一緒にいつまでも幸せに暮らしました。

キャスト

ジャック（1人）
黄緑の帽子に緑の羽をつける。白いシャツに茶の上下に、茶のくつ。

お母さん（1人）
バンダナに、古めの綿の白いブラウス。ロングエプロンに紺のロングスカート。

牛（1人）
牛のお面をつける。白いTシャツに黒い模様をつけた上着にロープを巻く。白いズボンと白いタイツ。

町の人-男（2～3人）
茶の帽子に白いシャツとサスペンダー。カーキーのズボンに、茶のくつ。

町の人-女（2～3人）
バンダナに白いブラウス。エプロンにロングスカートとブーツ。かごバッグを持つ。

準備するもの

●豆の木
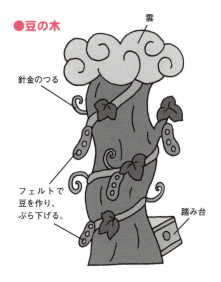
雲／針金のつる／フェルトで豆を作り、ぶら下げる。／踏み台

●草

●花
（画像内）

●ジャックの家のドア ／ ●鬼の家の扉
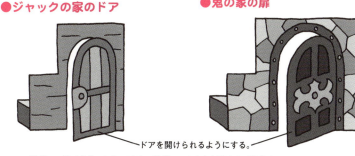
ドアを開けられるようにする。
段ボール板で作り、色をつける。段ボールか大きな積み木で支える。
豆の木の後ろには、踏み台を2つ置いておく。

●町の風景

板目紙に描く。舞台背景につける。

●ベッド

巧技台の上に本物の布団と枕を置く。

●テーブル

本物を使用。

●いす

模様をつけた段ボールの板を本物のいすの背に貼る。

●豆

緑や黄緑の折り紙を丸めてテープでとめる。

●おの

厚紙／木の棒

●踏み台（2つ）
本物を使用。

●金の竪琴（たてごと）

糸を張る。
段ボールで作り、金の紙を貼る。その上に模様を貼る。

●にわとり

赤や白、黄色などのフェルトを使って、にわとりの形を作り、中に綿を詰める。

おじいさん（1人）

グレーのニット帽に白いシャツ。グレーの上下に黒いくつ。

リス（3〜5人）

茶の不織布の帽子にリスの顔をつける。茶のTシャツとパンツ。フェルトに綿を詰めたしっぽに茶のタイツ。

鬼（1人）

黄色い角に、髪を赤い毛糸で作る。口にはキバをつける。首にひもを結ぶ。赤いTシャツに黄色と黒のシマのパンツと赤いタイツ。

召使い（2〜4人）

白いキャップに白いブラウスとエプロン。黒いロングスカートと黒いくつ。

ナレーター（3人）

紺のサテン地の上下に、金のサテン地の大きめの蝶ネクタイ。

| 登場人物 | セリフ・歌・効果音など | 動き・アドバイスなど |

第1幕

（町の中）

ナレーター① ナレーター② ナレーター③	昔、あるところに、ジャックという男の子がいました。 ジャックの家はとても貧乏でした。 今日は、お母さんに頼まれて、飼っていた牛を町に売りに行くことになりました。	お母さん、ジャック、牛が舞台右手に立っている。 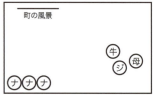
お母さん ジャック	高いお金で買ってくれる人に、牛を売ってくるんだよ。 うん、わかったよ。じゃあ、行ってくるね。	お母さんは上手に下がる。ジャックは牛のロープを引きながら、舞台中央に歩いて行く。
ジャック 牛	お前とも、お別れだね。 悲しいけど、仕方ないよね。新しく飼ってくれる人に、かわいがってもらうよ。	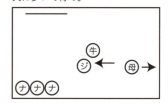
ジャック	誰か、牛は、いりませんか～。	町の人たち、下手から登場。
町の人① 町の人② 町の人③ 町の人④	町はにぎやかでいいね。 今日は天気もいいし、 気持ちいいね。 ほんと、ほんと！	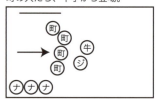
ジャック	あのう・・・、どなたか牛は、いりませんか？　とってもいい牛ですよ。	ジャック、町の人たちに近づく。
町の人① 町の人② 町の人③ 町の人④ ジャック	牛って、この牛かい？ ずいぶんやせた牛だねえ。 こんなにやせていたら、ミルクも出ないんじゃないの？ きっと出ないわよ。 そんなことないですよ！　たくさんミルクも出しますよ。	
町の人全員	いらない、いらない！	町の人たち、手を振りながらセリフを言う。

ナレーター①	町の人たちは、そう言うと、どこかに行ってしまいました。
ナレーター②	でもジャックはあきらめずに、牛を売り歩きました。
ジャック	誰か、牛は、いりませんか〜。
ナレーター③	すると、ひとりのおじいさんが通りかかりました。
おじいさん	おやおや、牛を売っているのかね。
ジャック	はい。とってもいい牛ですよ。
おじいさん	じゃあ、この豆と取り換えないかい？ この豆は、天まで伸びる魔法の豆なんだよ。
ジャック	本当ですか！？　じゃあ、取り換えてください！
ナレーター①	ジャックはそう言うと、牛と豆を交換しました。
ナレーター②	豆なんかと取り換えちゃったら、きっとお母さんに怒られるでしょうね。

町の人たち、上手に下がる。

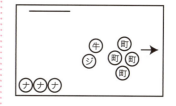

おじいさん、豆を持って下手から登場し、ジャックに近づく。

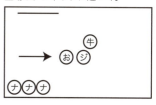

ジャック、喜びながら牛と豆を交換する。

幕閉める
（幕　前）

ナレーター③	そして、ジャックは家に帰って行きました。
ジャック	天まで伸びる魔法の豆か。すごいな！
ジャック	お母さん、ただいま！
お母さん	ああ、ジャック、お帰り。牛は高いお金で売れたかい？
ジャック	それがね、誰も買ってくれなかったんだ。 でも、どこかのおじいさんが、天まで伸びる魔法の豆と交換してくれたんだよ。
お母さん	何だって！？　お金と換えずに、こんな豆と牛を交換しちゃったのかい？　何てことを！

ジャック、手に持った豆を見ながら下手から登場。

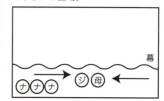

お母さん、上手から登場。
ジャックはお母さんに近づく。

お母さん、強い口調で怒る。

| ♪効果音 | **CD 11** 怒りの音 　　　　　　　　　　　　＜楽譜 P.25＞ |

| ジャック
お母さん | だって、天まで伸びる魔法の豆だよ。
そんなことがあるわけないじゃないか。お前は、だまされたんだよ。
こんな豆はいらないよ！ |

| ♪効果音 | **CD 12** 豆を投げ捨てる音　　　　　　　　　　＜楽譜 P.25＞ |

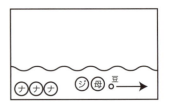

お母さん、ジャックの手から豆を奪い取り、上手に豆を投げる。

| ナレーター① | お母さんは、カンカンに怒って、豆を投げ捨ててしまいました。 |

| お母さん
ジャック | 罰として、今夜の晩ご飯は抜きだよ。
え〜っ、そんな〜。 |

| ナレーター② | でも、次の朝、不思議なことが起こったのです。 |

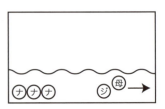

ジャック、お母さん、上手に下がる。

第2幕 - 幕開く
（ジャックの家の庭）

| リス①
リス②
リス③ | ジャック、ジャック！
大変、大変！
早く来て！ |

リスたち、ジャックの家のドアに向かって、叫ぶ。

| ナレーター③ | ジャックの庭に住んでいるリスたちが、大声でジャックを呼びました。 |

| ジャック
リス①
リス②
ジャック

リス③ | どうしたの？　何かあったの？
この木を見て！
天まで伸びているよ！
うわあ、すごい！
やっぱり、あのおじいさんが言っていたことは、本当だったんだ！
こんな木、見たことないよ！ |

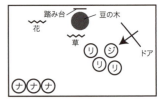

ジャック、慌てた様子でドアから外に出て、豆の木を見上げる。

| ナレーター① | そうです。お母さんが投げ捨てた豆が、大きな木になって天まで伸びていたのです。 |

♪歌
（ジャック、リス全員）

ジャックと豆の木 CD 09-10 ＜楽譜P.24＞

ジャックが うしと こうかんした まめ
てんまで のびる まほうの まめ
ひとばんで つるが のびて
ふとい ふとい きになった
ジャックが うしと こうかんした まめ
てんまで のびる きになった

ジャック、リスたち、舞台中央にバラバラに立って歌う。

ジャック	よし！　じゃあ、この木を登って、天まで行ってみよう！
リス①	ひとりで大丈夫？
ジャック	大丈夫だよ。
リス②	落ちないようにね！
リス③	気をつけてね！
ジャック	ありがとう！

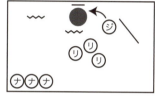

ジャック、豆の木の後ろに隠してある踏み台を登り、豆の木を登る真似をする。

| ナレーター② | ジャックはそう言うと、豆の木を登って行きました。 |

幕閉める
（幕　前）

ナレーター③	豆の木をどこまでも登って行くと、やがて天に着きました。
ジャック	ああ、やっと着いたぞ。ここが天か。天には何があるんだろう・・・。
ナレーター①	ジャックが天をうろうろ歩いていると、ある扉を見つけました。

ジャック、キョロキョロしながら下手から登場し、上手に下がる。

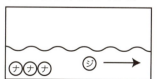

第3幕 - 幕開く

（鬼の家）

ジャック	扉があるぞ。ちょっと入ってみよう。
ジャック	誰かの家だな。誰の家だろう？
召使い①	あっ、あなたは？
召使い②	地上から来た人間ですね？
ジャック	はい。豆の木を登って、天まで来ました。 あなたたちは？
召使い①	この家に住む、鬼の召使いです。
ジャック	鬼？
召使い②	はい。この家には、恐ろしい鬼が住んでいます。
召使い①	私たちは、鬼に捕えられて、召使いとして働かされているのです。
ジャック	そうなんですか！？
召使い②	鬼は、今出かけています。
召使い①	でも、もうすぐ帰って来るので、その前にどこかに隠れてください。

♪効果音　 **鬼が帰って来る音**　＜楽譜 P.25＞

召使い②	あっ、帰って来た！
召使い①	さあ、こっちに隠れて！
鬼	ああ、腹が減った。飯の用意をしろ。
召使い全員	かしこまりました。

ジャック、キョロキョロしながら上手から登場して扉に近づき、扉を開けて家の中に入る。

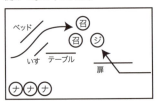

召使いたち、下手から登場し、ジャックに近づく。

ジャック、大げさに驚く。

鬼、ゆったりと上手から登場し、ドアを開けて家の中に入る。

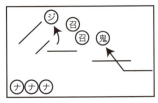

召使いたち、ジャックをベッドの後ろに隠す。

鬼、ドスの利いた声でセリフを言い、いすに座る。

鬼	クンクン・・・。おや、人間の子どものにおいがするぞ。 どこかに、人間の子どもがいるんじゃないか？
召使い②	いえいえ、人間の子どもなんて、いませんよ。
鬼	そうか、気のせいか・・・。
鬼	ああ、なんだか眠くなってきたな。 飯はいいから、今日はもう寝る。
ナレーター②	鬼はそう言うと、ベッドにもぐり込んで寝てしまいました。
召使い①	さあ、今のうちに、地上に戻ってください！
ジャック	はい！
召使い②	あっ、これを持って帰るといいでしょう。
ジャック	これは何ですか？
召使い①	金の卵を産むにわとりと、金の竪琴（たてごと）です。
召使い②	これを持っていれば、きっと一生お金に困らないでしょう。
ジャック	ありがとう！　金の竪琴なんて、すごいなあ！
ナレーター③	ジャックはそう言うと、思わず金の竪琴を鳴らしてしまいました。
♪効果音	**CD 14　金の竪琴の音**　　＜楽譜 P.25＞
召使い①	あっ、まずい！
召使い②	鬼が起きちゃう！
鬼	なんだ！？　わしの大事な金の竪琴を鳴らしたのは誰だ！？
鬼	おや、やっぱり人間の子どもがいたんじゃないか！ 食ってやるぞ！
ジャック	うわー！
召使い①	さあ、早く逃げて！
召使い②	早く、早く！
ナレーター①	ジャックは鬼の家を飛び出して、一目散に逃げました。
鬼	こら～、待て～！

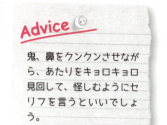

鬼、鼻をクンクンさせながら、あたりをキョロキョロ見回して、怪しむようにセリフを言うといいでしょう。

鬼、ベッドにもぐり込む。

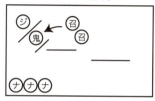

ジャック、ベッドの後ろから出てくる。召使いたち、家の隅に置いてあったにわとりと金の竪琴を取り、ジャックに渡す。

ジャック、金の竪琴を鳴らす真似をする。

鬼、ベッドから起き上がり、にらむようにジャックを見る。

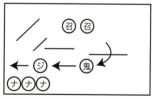

ジャック、扉から外に飛び出し、走りながら下手に下がる。
鬼、ジャックを追いかけて、扉から外に出て、走りながら下手に下がる。

幕閉める
（幕　前）

ジャック
ああ、早く逃げないと、鬼に食べられちゃう・・・。
早く地上に戻らなくちゃ！

ナレーター②
ナレーター③
ジャックは、必死で豆の木を下りて、地上に向かいました。
でも、鬼がジャックの後を追って来ました。

鬼
こら〜、待て〜！　逃がさないぞ〜！

♪効果音 　**CD 15**　鬼が追いかけて来る音　　　＜楽譜 P.25＞

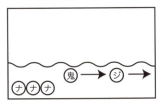

ジャック、慌てるように走りながら下手から登場し、上手に下がる。

鬼、ジャックの後を追って走りながら下手から登場し、上手に下がる。

第4幕 - 幕開く
（ジャックの家の庭）

ナレーター①
ジャックは、必死に豆の木を下りて、やっと地上にたどり着きました。

役	セリフ	動作
ジャック	ああ、助かった！	

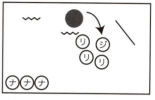

ジャック、豆の木の後ろに隠した踏み台から飛び降りる。リスたち、ジャックに近づく。

リス①	ジャック、どうしたの？
ジャック	天にいた鬼から、逃げて来たんだ。 鬼が追いかけて来ているから、早く豆の木を切らないと！
ナレーター②	ジャックはそう言うと、おのを持って来ました。
鬼	こら〜、待て〜！

ジャック、家のドアの後ろに隠してあったおのを取り出す。
鬼、豆の木の後ろに隠してある踏み台から、叫ぶ。

リス②	あっ、鬼が下りて来た！
リス③	早く、早く！
ジャック	よしっ！　えいっ、えいっ！
鬼	こら〜、何をする！　ひえ〜！

ジャックはおので豆の木を切る真似をする。リスたちは、書き割りの豆の木を倒す。

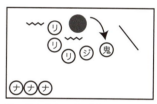

♪効果音　**CD16 鬼が木から落ちる音**　＜楽譜P.25＞

ナレーター③	ジャックが力一杯、豆の木を切り倒すと、鬼は地面に落ちて、倒れてしまいました。
ジャック、リス全員	やったー！
ナレーター①	それからというもの、ジャックとお母さんは、金の卵を産むにわとりと、金の竪琴のおかげで、一生お金に困ることなく幸せに暮らしたそうですよ。
ナレーター②	よかったね！
ナレーター③	めでたし、めでたし。

鬼、踏み台から飛び降り、床に倒れる。

Advice
ジャックとリスたち、両手を上げて飛び上がりながら大げさに喜ぶといいでしょう。

♪歌（全員）　**CD09-10 ジャックと豆の木**　＜楽譜P.24＞

ジャックが　うしと　こうかんした　まめ
てんまで　のびる　まほうの　まめ
ひとばんで　つるが　のびて
ふとい　ふとい　きになった
ジャックが　うしと　こうかんした　まめ
てんまで　のびる　きになった

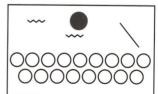

全員が再登場し、舞台中央で整列して歌う。

作詞／作曲：井上明美

tr.11　怒りの音

tr.12　豆を投げ捨てる音

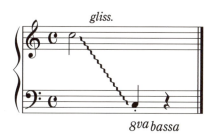

tr.13　鬼が帰って来る音

tr.14　金の竪琴の音

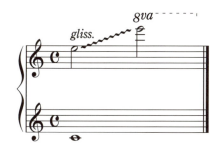

tr.16　鬼が木から落ちる音

tr.15　鬼が追いかけて来る音

アンデルセン物語
はだかの王様

【対象年齢】5歳児　CD tr.17-26

あらすじ

昔々、ある国に、とてもおしゃれな王様がいました。王様は新しい洋服を着るのが大好きです。何度か着た服はすぐに飽きてしまい、大臣に「もっとめずらしくて、誰もがうらやむような服を探して来い」と命令します。

困り果てた大臣のところに、服を作る職人だと名乗る男（詐欺師）たちがやって来ました。そして、「私たちは、賢くて正直な者にしか見えない、不思議な洋服を作ります」と言うので、王様は喜んで作ってもらうことにしました。

しかし、男たちが「服ができ上がりました」と見せても、王様にはその洋服が見えません。見えないと言えば、愚かな王様にされてしまいます。

「なんとすばらしい服なんだ」と言って、その服を着たつもりになり、町へパレードに出かけます。町の人々は、愚か者だと思われたくないので、口々に「すばらしい服だね」と嘘をつきますが、子どもたちだけは「王様ははだかだぞ。服を着てないよ」と言って、見破ってしまいました。

キャスト

王様（1人）

<通常>
王冠をかぶり、ヒゲをつける。白いフリルのあるブラウスにペンダント。バルーンパンツに茶のブーツ、赤いマントをはおる。

<はだか>
王冠をかぶり、肌色のTシャツ。太ってみえるように中にタオルを巻く。白と赤のストライプのパンツに黒いブーツ。

男（詐欺師）（3〜4人）

長めのヒゲをつける。黒のマオカラーのシャツと黒いパンツに黒いタイツ。先のとがったくつ。

大臣（1〜2人）

髪を外巻きにする。メガネとチョビひげをつける。白いフリルのあるグレーのパフスリーブの上着に茶のTシャツ。茶のブルマーに茶のタイツ。

準備するもの

●柱
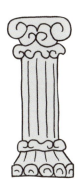

●はた織り機
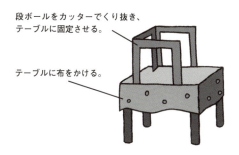
段ボールをカッターでくり抜き、テーブルに固定させる。
テーブルに布をかける。
段ボール板で作り、色をぬる。段ボールか大きな積み木で支える。

●いす

本物を使用。

●ハンガーかけ

●棚

カラーボックス

●ハンガー

●洋服

●お金の入った袋

●お城の内部の絵

●町の絵

板目紙に描く。舞台背景につける。

●王冠

●ブーツ

●旗

短めの物干し竿に紙の旗をつける。

家来（2〜3人）
紺のベレー帽をかぶり、金のボタンをつけた紺のジャケット。袖には白いフリルを巻く。紺のパンツに紺のタイツ。

子ども（3〜4人）
帽子をかぶる。白いシャツ、ズボンにサスペンダー。ハイソックスをはく。

町の人（3〜4人）
白いシャツに白いエプロン。ロングスカートをはく。

ナレーター（3人）
紺のサテン地の上下に金のサテン地の大きめの蝶ネクタイ。

| 登場人物 | セリフ・歌・効果音など | 動き・アドバイスなど |

第1幕
（お城の中）

ナレーター①	昔々、ある国に、とてもおしゃれな王様がいました。	
ナレーター②	王様は、新しい洋服を着るのが大好きでした。	
ナレーター③	毎日、朝昼晩と1日3回、家来や大臣を呼んでは、違う服を持ってくるように、命じるのでした。	

王様、家来たちが舞台中央に立っている。王様は、1枚の服を体にあてている。

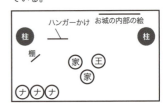

王様	今朝は、この服でいいな。どうじゃ、似合っているか？
家来①	はい、よく似合っていらっしゃいますよ。
家来②	とっても、素敵です。
王様	昼に着る服は、用意してあるか？
家来①	はっ、はい。こちらは、いかがでしょうか？
王様	ふむふむ・・・。では、晩に着る服は？
家来②	こちらでは、いかがでしょうか？

家来①、②が、ハンガーかけから別の服を持って来て、王様に見せる。

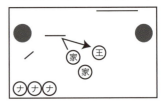

王様	ふむふむ・・・。その服は、もう飽きたな。もっと、他にいい服はないか？
家来①	他の服ですか？
家来②	王様は、何度か着た服は、すぐに飽きてしまうのですね。
ナレーター①	王様は、毎日朝昼晩、どんな服を着ようか、おしゃれのことばかり考えて、家来たちに命令していました。

Advice

第1幕では舞台のどこかにハンガーかけを置き、王様の服を数枚ハンガーにかけておきましょう。また、カラーボックスの棚などに、王冠やブーツを置き、おしゃれ好きな王様である雰囲気を演出しましょう。

♪歌 （王様、家来全員）	**CD 17-18　おしゃれな王様**　＜楽譜P.36＞ おしゃれな　おしゃれな　おうさまは あさ　ひる　ばんと　ちがう　ふく まいにち　ふくの　ことばかり かんがえながら　くらしてる おしゃれな　おしゃれな　おうさま	王様、家来たち、舞台中央にバラバラに立って歌う。 **Advice** ナレーターが一緒に歌ってもいいでしょう。
ナレーター②	そんなある日のこと、王様は大臣を呼んで言いました。	
王様 大臣	大臣はどこだ？ はい、お呼びでしょうか。	
王様 大臣 王様	同じような服は、もう飽きた。 もっとめずらしくて、誰もがうらやむような服は、ないものか？ はっ？　王様は、たくさんたくさん、服をお持ちじゃありませんか！ 皆が驚くような、新しい服が欲しいのじゃ。探してまいれ〜！	大臣、上手から登場。 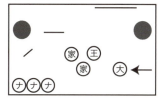
♪効果音	**CD 23　王様が命令する音**　＜楽譜P.39＞	**Advice** 王様は、手をふり上げながら、大臣に命令するように強い口調でセリフを言い、大臣はひれ伏すようにすると、おもしろいでしょう。
大臣	はっ、は〜！	
幕閉める （幕　前）		

ナレーター③ ナレーター①	大臣は、王様に無理な命令を下され、困ってしまいました。 あちこち探し回りましたが、めずらしい服なんて見つかりません。	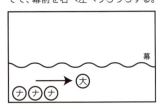大臣が下手から登場し、困ったように、腕組みをしたり、あごに手をあてて、幕前を右へ左へうろうろする。
ナレーター②	困り果てて、お城の廊下をあっちへうろうろ、こっちへうろうろ。	
大臣	弱ったなあ・・・。困ったなあ・・・。 どうしたものか・・・。	

♪効果音　💿24　困っている音　＜楽譜 P.39＞

大臣	どこかに、めずらしい服がないものか・・・。 誰もが驚くような服が、ないものか・・・。	
ナレーター③	大臣が悩んでいると、見たことのない３人の男がやって来ました。	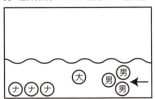男（詐欺師）たち、上手から登場。
男（詐欺師）① 男（詐欺師）②	私たちは、めずらしい布地を織って、服を作る職人です。 こちらには、おしゃれな王様がいるとお聞きしたので、やってまいりました。	
男（詐欺師）③ 男（詐欺師）①	まだその布地で作った服を、誰も着たことがありません。 ぜひ、王様にいかがでしょうか。	
大臣	それはありがたい！　王様に会わせよう。 王様～！　王様～！	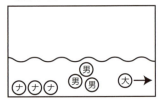大臣、叫びながら急ぎ足で上手に一度下がる。
ナレーター①	大臣は、王様に男たちのことを説明し、王様を連れて来ました。	
王様 男（詐欺師）②	お前たちは、そんなにめずらしい服を作れるのか？ はい。ただ、私たちの作る服は、賢くて正直な者にしか見えません。	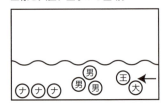王様と大臣、上手から登場。
男（詐欺師）③	世にも不思議な服なのです。	
王様	それはおもしろい！　じゃあ、さっそく作ってくれ。	
男（詐欺師）全員	かしこまりました！	
ナレーター② ナレーター③	王様は、その男たちに服を作らせることにしました。 でも、その男たちは、大うそつきの詐欺師だったのです。	

第2幕 - 幕開く

（お城の中）

ナレーター①　男たちは、はた織り機をお城に持って来て、服を作り始めました。

男（詐欺師）①が、はた織り機のいすに座り、はたを織る真似をしている。

♪歌
（男（詐欺師）全員）

 ふしぎな服　　　　　　　　　　　　　　　　＜楽譜P.37＞

　　トントントン　カラカラカランと　はたを　おる
　　トントントン　カラカラカランと　はたを　おる
　　しょうじきものにだけ　みえる
　　ふしぎな　ふしぎな　ふくなんだ
　　おろかものには　みえない
　　ふしぎな　ふしぎな　ふくなんだ
　　トントントン　カラカラカランと　はたを　おる
　　トントントン　カラカラカランと　はたを　おる

男（詐欺師）たち、舞台中央にバラバラに立って歌う。

Advice
ナレーターが一緒に歌ってもいいでしょう。

ナレーター②
ナレーター③　3人の男は、はたを織っているふりをしていました。
　　　　　　　そこに、大臣と家来たちがやって来ました。

大臣、家来たちが上手から登場し、男（詐欺師）たちのところに近づく。

大臣　服は、どのくらいできたかね？

男（詐欺師）①　ご覧のとおり、もうすぐでき上がりますよ。
男（詐欺師）②　どうですか？　この光り輝く服！
男（詐欺師）③　賢い大臣様には、このすばらしさがおわかりいただけるでしょう？

男たちは、はた織り機を指す。

大臣　（わしには、全然見えないぞ。どっ、どうしよう・・・。）

このセリフは、事前に録音しておいたものを流す。

♪効果音　 **衝撃の音**　　　　　　　　　　　　　　＜楽譜P.39＞

大臣	おお、なんとすばらしい服なんだ！
ナレーター①	大臣は、愚か者だと思われたくないので、見えているふりをして、そう言いました。

Advice
感心している様子を、わざとらしく、表情豊かに表現しましょう。

家来①	（ぼっ、ぼくには何も見えないぞ・・・。）
家来②	（どっ、どうしよう。何も見えない・・・。）

このセリフは、事前に録音しておいたものを流す。

家来①	本当に、すばらしい服ですね。
家来②	きっと、王様によくお似合いでしょうね。
ナレーター②	家来たちも、愚か者だと思われたくないので、見えているふりをして、そう言いました。

Advice
家来たちも、大臣と同様に、感心している様子を、わざとらしく表現しましょう。

男（詐欺師）全員	ありがとうございます！
男（詐欺師）①	さあ、ついに服ができ上がりましたよ。
男（詐欺師）②	王様をお呼びください。
家来①	わかりました。
家来②	今、呼んでまいります。
ナレーター③	家来たちは、そう言うと、王様を連れて来ました。

家来たち、一度上手に下がる。

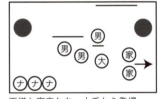

王様と家来たち、上手から登場。

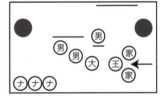

王様	服ができ上がったそうじゃな。どれどれ・・・。
男（詐欺師）③	こちらでございます。
王様	（おかしいな。何も見えないぞ・・・。）

このセリフは、事前に録音しておいたものを流す。

♪効果音	**CD 25** 衝撃の音 ＜楽譜P.39＞
大臣	見事な服でございますよね。
王様	ふむ、何とすばらしい服なんだ。
ナレーター①	王様も、愚か者だと思われたくないので、見えているふりをして、そう言いました。

Advice
王様も、感心している様子を、わざとらしく、大げさに表現しましょう。

男（詐欺師）①	今度のパレードで、この服をお召しになって、町の人たちにもぜひお見せください。
王様	そうだな。ぜひ、そうしよう。 じゃあ、この方たちに、お礼を差し上げてくれ。
家来全員	かしこまりました。
ナレーター②	王様は、そう言うと、服を作ったお礼に、男たちに大金を渡しました。
男（詐欺師）全員	ありがとうございます！

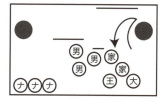

家来たち、柱の後ろに隠してあったお金の入った袋を取りに行き、男（詐欺師）たちに差し出す。

男（詐欺師）たち、お金の入った袋を受け取る。

幕閉める
（幕　前）

男（詐欺師）② 男（詐欺師）③ 男（詐欺師）①	うまくいったぞ。 本当は、服なんて作ってないのに、みんな、まんまとだまされたな。 正直者にしか見えない服なんて、あるはずないのにな。
男（詐欺師）全員	ワッハッハ・・・。
ナレーター③	男たちは、そう言うと、どこかに姿を消してしまいました。
ナレーター① ナレーター② ナレーター③	その頃、お城では、パレードの準備をしていました。 王様は、あの服を着るのでしょうか？ どうなるのでしょう・・・。

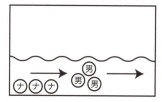

男（詐欺師）たち、下手から登場し、上手に下がる。

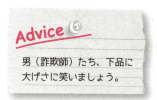

Advice
男（詐欺師）たち、下品に大げさに笑いましょう。

第3幕 - 幕開く

(町の中)

ナレーター①	今日は、いよいよパレードの日です。
ナレーター②	町には、人が集まっていました。
ナレーター③	町の人たちは、王様の新しい服のうわさを聞いていました。
町の人①	今度の王様の服は、正直者にしか見えないそうね。
町の人②	どんな服か、楽しみだね。

♪効果音　　CD26　**パレードの音楽**　　＜楽譜P.39＞

家来全員	王様のお通り〜！
町の人③	あっ、そろそろパレードが始まるみたい。
町の人全員	あっ、王様・・・。
町の人①	（あれっ、何も着ていないように見える・・・）
町の人②	（はだかに見えるけど・・・）
町の人③	（おかしいな、服が何も見えないわ・・・）
町の人①	まあ、とってもすてきな服ね。
町の人②	本当に、すばらしい服だね。
町の人③	王様に、よくお似合いね。
ナレーター①	町の人たちは、愚か者だと思われたくないので、見えているふりをして、そう言いました。

町の人たちや子どもたちが、舞台に立ち、パレードが始まるのを待っている。

王様（はだかの王様の姿）、大臣、家来たちが、一列になって、行進しながら上手から登場。家来のひとりは旗を持っている。

町の人たち、びっくりした様子で言う。

このセリフは、事前に録音しておいたものを流す。

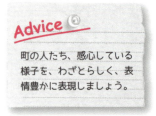

Advice
町の人たち、感心している様子を、わざとらしく、表情豊かに表現しましょう。

ナレーター②	そのときです。パレードを見ていた子どもたちが言いました。
子ども①	あれっ、王様ははだかだぞ。
子ども②	服を着てないよ。
子ども③	わー、はだかの王様だ！
子ども全員	アハハハ・・・。
町の人①	えっ、やっぱり何も着てないの！？
町の人②	やっぱり、はだかだったのか。
町の人③	なーんだ。
町の人全員	はだかの王様だ！　アハハハ・・・。
王様	ええっ、はだかの王様！？　誰にも、服が見えないのか・・・。ということは・・・。やられた〜！
ナレーター③	王様は、ようやくだまされたことがわかりました。

子どもたち、王様を指さしながら、セリフを言う。

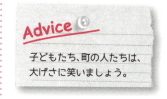
子どもたち、町の人たちは、大げさに笑いましょう。

恥ずかしそうにする王様。

♪歌
（全員）

CD 21-22　はだかの王様　　＜楽譜 P.38＞

しょうじきものにしか　みえない　ふく
おろかものには　みえない　ふく
おとなは　みえてる　ふりをしてるよ
ほんとは　ほんとは　はだかの　おうさま
こどもだけが　しょうじきものさ
なんにも　きてない　はだかの　おうさま

全員が再登場し、舞台中央で整列して歌う。

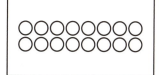

歌い終わったら、ナレーターたちは、舞台左手前に戻る。

ナレーター①	大人たちはみんな、自分が愚か者だと思われたくないから、見えているふりをしていたけど、子どもたちは違いましたね。
ナレーター②	子どもが一番、正直者なんですね。
ナレーター③	それからというもの、王様はめずらしい服を欲しがらなくなったそうですよ。
ナレーター①	これで「はだかの王様」のお話は、
ナレーター②、③	おしまい。

おしゃれな王様

作詞／作曲：井上明美

tr.17：歌入り
tr.18：カラオケ

tr.23 王様が命令する音

tr.24 困っている音

tr.25 衝撃の音

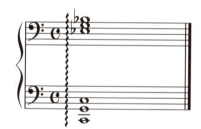

tr.26 パレードの音楽

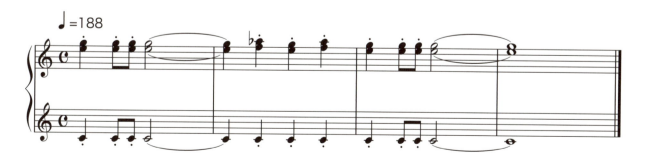

イソップ物語
金のおのと銀のおの

【対象年齢】4〜5歳児　CD tr.27-32

あらすじ

昔々、あるところに、とても正直な木こりがいました。ある日、木を切っていると、手をすべらせて、おのを沼に落としてしまいます。木こりががっくりしていると、沼の中から神様が現れました。木こりが訳を話すと、神様は金のおのを見せて、「お前のおのは、この金のおのか？」と聞きます。木こりは、「私のおのは、そんなに立派なおのではありません」と答えると、神様は、今度は銀のおのを見せました。木こりは、それも違うと答えます。そして、神様が鉄のおのを見せると、木こりは「それが私のおのです」と正直に言いました。それを聞いた神様は、木こりが正直者なので、金のおのと銀のおのもくれました。

その話を聞いた欲張りな木こりが、わざと沼におのを落とすと、同様に神様が現れました。そして、金のおのを見せて、「お前のおのは、この金のおのか？」と聞くと、欲張りな木こりは、「それが私のおのです」とうそをつきます。すると、神様は怒って、「お前のようなずうずうしいやつには、このおのは、やれん！」と言って、沼の中に姿を消してしまいました。欲張りな木こりは、金のおのや銀のおのを手に入れるどころか、自分のおのもなくしてしまいました。

キャスト

木こり（1人）
茶の三角帽をかぶり、茶の綿のタートルに黄色いボタンと黄色いベルト。茶のパンツに、こげ茶のブーツ。

木こりの仲間（5〜7人）
青い三角帽に白い綿のシャツ。紺のズボンにひざあてをし、黒いブーツ。

欲張りな木こり（1人）
黒い三角帽につけ鼻とひげ。グレーの綿のシャツに黒いズボンと黒いブーツ。

準備するもの

●木

●草

●沼

平均台2本を直角に並べ、草を貼りつける。

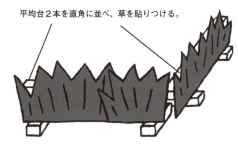

段ボール板で作り、色をつける。段ボールか大きな積み木で支える。

●沼の背景

板目紙に描く。舞台背景につける。

●鉄のおの

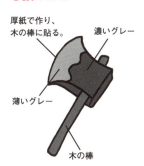

厚紙で作り、木の棒に貼る。
濃いグレー
薄いグレー
木の棒

●金のおの

金の色紙を貼る。
木の棒に金の色紙を巻く。

●銀のおの

銀の色紙を貼る。
木の棒に銀の色紙を巻く。

ウサギ（3〜5人）
白いフェルトで作った耳（中はピンク）をカチューシャでとめる。白いサテン地のベストとバルーンパンツ。白いタイツに白いエナメルのくつ。

神様（1人）
白い毛糸のかつらに金のはち巻。白いまゆとひげをつける。白いサテン地のガウンに金のボタン。白いブーツ。

家来（2〜3人）
えんじのニット帽と黒いまゆをつける。紺の綿のタートルと紺のズボンにえんじのベルト。黒いブーツ。

ナレーター（3人）
紺のサテン地の上下に赤のネクタイ。白いハイソックスに黒いエナメルのくつ。

| 登場人物 | セリフ・歌・効果音など | 動き・アドバイスなど |

第1幕
（山の中）

ナレーター①	昔々、あるところに、とても正直な木こりがいました。	木こり、おので木を切る真似をする。
ナレーター②	木こりは働き者で、毎日朝早くから日が暮れるまで、木を切っていました。	
ナレーター③	今日も、一生懸命働いています。	
木こり	今日もたくさん、木を切るぞ。よいしょっ、よいしょっ。	
ナレーター①	そこへ、ウサギたちがやって来ました。	ウサギたち、上手から登場。
ウサギ全員	ランラ、ランラ、ラン・・・。	
ウサギ①	今日は、何して遊ぼうか？	
ウサギ②	そうだね、かくれんぼはどう？	
ウサギ③	それ、いいね！	
ウサギ①	あっ、木こりさんだ！ 木こりさん、こんにちは。	ウサギたち、木こりに近づく。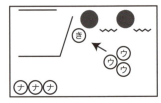
木こり	やあ、ウサギさんたち、こんにちは。	
ウサギ②	木を切っているんですね。	
ウサギ③	精が出ますね。	
木こり	うん、一生懸命働くのは気持ちがいいよ。	
ウサギ①	じゃあ、頑張ってくださいね！	
木こり	ありがとう！	木こり、再び木を切る真似をする。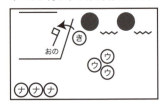
ナレーター②	木こりは、そう言うと、木を切り続けました。	
ナレーター③	ところが・・・。	
♪効果音	**おのを沼に落とす音** ＜楽譜 P.48＞	木こり、おのを沼に落とす。

木こり	あっ！
ウサギ②	どうしたんですか？
木こり	手をすべらせて、おのを沼の中に落としてしまった。
ウサギ全員	え〜っ！
ナレーター①	おのは、沼の底深く、沈んでしまいました。
ウサギ③	沼はとっても深そうだね。
ウサギ①	もぐっても、取れそうにないね・・・。
木こり	おのは、1本しか持っていないんだ。あのおのがないと、木も切れないんだ。かと言って、新しいおのを買うお金もないし・・・。どうしよう・・・。
ウサギ全員	そっかー・・・。

♪効果音　 **困っている音**　＜楽譜P.48＞

ナレーター②	木こりは、頭を抱えて、がっくりしました。
ナレーター③	すると、沼の中から、神様が家来たちとともに現れました。

♪効果音　 **神様が現れる音**　＜楽譜P.48＞

木こり、ウサギ全員	わあっ〜！
木こり	かっ、神様！
神様	木こりよ、お前はなぜ、そのように嘆いておるのか？
木こり	はい、実は、手をすべらせて、おのを沼の中に落としてしまったのです。
神様	そうか。それは気の毒に。ならば、少し待っておれ。家来たちよ、沼の中から、おのを探して来てやるのじゃ。
家来全員	かしこまりました。
ナレーター①	家来たちは、沼にもぐって、おのを探しました。
ナレーター②	そして、しばらくすると、金のおのを持って、出て来ました。
家来①	おのが見つかりました。
家来②	こちらの金のおのです。
神様	お前のおのは、この金のおのか？
木こり	いいえ。私のおのは、そんなに立派なおのではありません。
神様	そうか。じゃあ、別のおのを探して来てやるのじゃ。
家来全員	かしこまりました。

Advice
木こりは、沼におのを落として、ショックを受けている様子で、大げさにセリフを言いましょう。

ウサギたち、沼をのぞき込む。

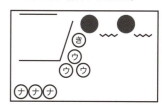

木こり、頭を抱える。
神様と家来たちは、あらかじめ沼にしゃがんでいて、ここで立ち上がって、現れる。

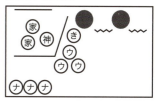

Advice
神様は、神様らしく低く落ち着いた声で、ゆっくりセリフを言いましょう。

家来たち、しゃがんで沼にもぐる真似をし、金のおのを持って立ち上がる。

家来たち、金のおのを神様に渡し、神様は木こりに見せる。

ナレーター③ ナレーター①	家来たちは、再び沼にもぐりました。 そして、しばらくすると、今度は銀のおのを持って、出て来ました。	家来たち、再びしゃがんで沼にもぐる真似をし、銀のおのを持って立ち上がる。
家来① 家来② 神様 木こり 神様 家来全員	おのが見つかりました。 こちらの銀のおのです。 お前のおのは、この銀のおのか？ いいえ。私のおのは、もっと普通の鉄のおのです。 そうか。じゃあ、また別のおのを探して来てやるのじゃ。 かしこまりました。	家来たち、銀のおのを神様に渡し、神様は木こりに見せる。
ナレーター② ナレーター③	家来たちは、再び沼にもぐりました。 そしてしばらくすると、今度は鉄のおのを持って、出て来ました。	家来たち、再びしゃがんで沼にもぐる真似をし、鉄のおのを持って立ち上がる。
家来① 家来② 神様 木こり ウサギ全員	おのが見つかりました。 こちらの鉄のおのです。 お前のおのは、この鉄のおのか？ はい、そうです！　それが私のおのです。 ありがとうございます！　助かりました。 よかったね！	家来たち、鉄のおのを神様に渡し、神様は木こりに見せる。 神様、鉄のおのを木こりに渡す。
ナレーター①	すると、神様はにっこりして言いました。	
神様	お前は正直者だ。他の2本のおのも、持って行くがよい。	
ナレーター② ナレーター③	神様はそう言うと、金のおのと銀のおのも、木こりに渡しました。 そして、沼の中に消えて行きました。	神様、金のおのと銀のおのを木こりに渡し、家来たちとともに沼の中にもぐる。
ウサギ② ウサギ③	すごいね！ やったね！	
♪歌 （木こり、ウサギ全員）	**CD 27-28　金のおのと銀のおの**　＜楽譜P.48＞ きこりは　しょうじきものだから かみさまが　くれたよ すてきな　おの きんきん　きらきら　ひかる　おの ぎんぎん　ぎらぎら　ひかる　おの すてきな　すてきな　おくりもの きんの　おのと　ぎんの　おの	木こり、ウサギたちが一列に並び、歌う。 ★劇あそびのコツ！ 劇あそびで歌う歌は、劇の練習のとき以外でも、普段の園生活の中でくり返し流しておくことで、子どもたちは歌を自然に覚え、口ずさめるようになるでしょう。

ナレーター①	そして、木こりは3本のおのを持って、嬉しそうに帰って行きました。	木こり、下手へ下がる。 ウサギたちは上手へ下がる。

幕閉める
（幕　前）

ナレーター② ナレーター③	木こりは、3本のおのを持って、村に帰って来ました。 すると、木こりの仲間たちは、びっくりしました。	木こり、3本のおのを持って、下手から登場。
木こりの仲間① 木こりの仲間② 木こりの仲間③ 木こりの仲間④	どうしたんだ、そのおのは！ 金のおのに、銀のおの！ そんなに立派なおのは、見たことがないぞ。 どこで手に入れたんだ？	木こりの仲間たちと、欲張りな木こりは上手から登場し、木こりに近づく。
木こり	この金のおのと銀のおのは、沼で神様にもらったんだ。	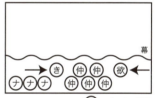
ナレーター①	木こりは、沼であったできごとを、みんなに話しました。	
木こりの仲間⑤ 木こりの仲間① 木こりの仲間②〜⑤ 木こり	そんな不思議なことがあったのか。 それはよかったね！ よかったね！ うん、ありがとう！	**Advice ②** 木こりの仲間たち、木こりの肩や腕をたたいて、一緒に喜んであげる様子を表現するといいでしょう。
ナレーター②	すると、ひとりの欲張りな木こりが、何かつぶやきました。	
欲張りな木こり	よし、それならおれも同じ方法で、金のおのと銀のおのを手に入れてやろう。	
ナレーター③ ナレーター①	そして翌日です。 欲張りな木こりは、鉄のおのを持って、沼に出かけて行きました。	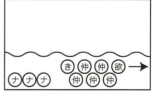 木こり、木こりの仲間たち、欲張りな木こり、上手に下がる。

第2幕 - 幕開く
（山の中）

欲張りな木こり	神様が現れたというのは、この沼だな。
ナレーター②	そこへ、ウサギたちがやって来ました。
ウサギ全員	ランラ、ランラ、ラン・・・。
ウサギ①	今日は、何して遊ぼうか？
ウサギ②	そうだね、おにごっこはどう？
ウサギ③	それ、いいね！
ウサギ①	あっ、木こりさんだ！
ウサギ②	昨日とは、違う木こりさんだね。
ウサギ③	木こりさん、こんにちは。
欲張りな木こり	あっ、ウサギたち。ちょっと邪魔だから、あっち行っててくれ。しっ、しっ！
ナレーター③	欲張りな木こりは、ウサギたちを追い払うと、持っていた鉄のおのを、わざと沼に投げ入れました。
ナレーター①	そして、泣く真似をしました。
欲張りな木こり	エーン、おのを沼に落としちゃったよう・・・。
ウサギ①	あれっ、わざと沼におのを投げ入れたのに、なんで泣いているのかな？
ナレーター②	すると、沼の中から、神様が家来たちとともに現れました。
♪効果音	**CD31 神様が現れる音** ＜楽譜P.48＞
欲張りな木こり	おっ、神様が現れたぞ。

欲張りな木こり、鉄のおのを持って、上手から登場。
続けて、ウサギたちも上手から登場。

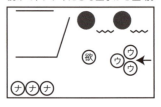

ウサギたち、欲張りな木こりに近づく。

欲張りな木こり、手でウサギたちを追い払う真似をする。

欲張りな木こり、わざと沼におのを落とし、泣く真似をする。

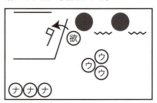

神様、家来たちとともに沼から現れる。

神様	木こりよ、お前はなぜ、そのように嘆いておるのか？
欲張りな木こり	はい、実は、手をすべらせて、おのを沼に落としてしまったのです。
神様	そうか。それは気の毒に。ならば、少し待っておれ。 家来たちよ、沼の中から、おのを探して来てやるのじゃ。
家来全員	かしこまりました。
ナレーター③	家来たちは、沼にもぐって、おのを探しました。
ナレーター①	そして、しばらくすると、金のおのを持って、出て来ました。
家来①	おのが見つかりました。
家来②	こちらの金のおのです。
神様	お前のおのは、この金のおのか？
欲張りな木こり	はい、そうです！　それが私のおのです。
ナレーター②	すると、神様は怒って言いました。
神様	うそをつけ！　お前のようなずうずうしいやつには、このおのは、やれん！
♪効果音	**CD32　衝撃の音**　＜楽譜P.48＞
ナレーター③	神様はそう言うと、家来とともに沼の中に姿を消してしまいました。
欲張りな木こり	そんな・・・。
ナレーター①	そして、欲張りな木こりは、金のおのや銀のおのを手に入れるどころか、自分のおのもなくしてしまいました。
ナレーター②	うそをついた、自分が悪いんだね。
♪歌 （全員）	**CD27-28　金のおのと銀のおの**　＜楽譜P.48＞ きこりは　しょうじきものだから かみさまが　くれたよ すてきな　おの きんきん　きらきら　ひかる　おの ぎんぎん　ぎらぎら　ひかる　おの すてきな　すてきな　おくりもの きんの　おのと　ぎんの　おの
ナレーター③	これで、「金のおのと銀のおの」のお話は、おしまい。

★劇あそびのコツ！

セリフの言い回しは、シナリオ通りでなくても構いません。子どもの個性に合わせて言い回しを変えることで、オリジナルの劇あそびになり、子どもたちは、より役になりきって演じることができるでしょう。

家来たち、しゃがんで沼にもぐる真似をし、金のおのを持って立ち上がる。

家来たち、金のおのを神様に渡し、神様は欲張りな木こりに見せる。

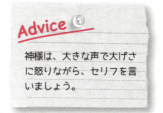

Advice
神様は、大きな声で大げさに怒りながら、セリフを言いましょう。

神様、家来たち、沼の中にもぐる。

欲張りな木こり、がっくりして、床にしゃがみ込む。

全員が再登場し、舞台中央で整列して歌う。

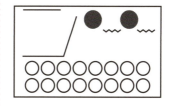

金太郎

【対象年齢】5歳児　CD tr.33-40

あらすじ

金太郎は、足柄山で母親と2人で暮らしていました。クマも投げ飛ばすほど元気いっぱいな力持ちの男の子で、山の動物たちとも仲よしです。いつもみんなですもうを取って遊んでいました。
そんなある日、都の偉い殿様が通りかかりました。殿様は、力持ちで勇気のある金太郎を見初め、都であばれている鬼を退治する家来にしました。金太郎は都で修行に励み、ますます強くなり、鬼たちを退治することができました。
健やかでたくましい男の子の象徴として、金太郎は今でも五月人形に飾られています。

キャスト

金太郎（1人）
黒い帽子の上に、肌色の不織布をつけたものをかぶる。赤い綿に金のペンで「金」の文字を描き、黒いふちをつけた前掛け。肌色の下着に肌色のズボン、肌色のタイツ。

母親（1人）
ゆかたに白いエプロン。ぞうりをはく。

殿様（1人）
黒のフェルトに綿を入れたちょんまげに、肌色の帽子に黒い布を貼ってかぶる。金のひもをつけ、あごの下で結ぶ。指絵の具でひげを描く。サテン地に派手な色の模様を貼った着物。はかまにぞうり。

家来（2人）
肌色の帽子に黒い布を貼ってかぶる。無地のゆかた、はかまにぞうり。

※キャストの続き、次ページへ→

準備するもの

●木

●山

●石垣のへい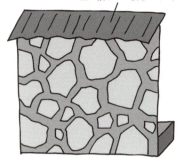
上に段ボール紙をつける。

●草

段ボール板で作り、色をつける。
段ボールか大きな積み木で支える。

●川
青いビニールシートをつなげる。

●かご
本物を使用。

●きのこ
茶や赤、黄色のフェルトに綿を詰めて作る。

●橋
段ボール板で作り、色をつける。

●まさかり
厚紙
厚紙で作り、木の棒につける。棒の部分にはビニールテープを巻く。

●軍配
厚紙で作り、細い棒につける。持ち手にひもを結ぶ。

●金棒
新聞紙を丸め、色画用紙で作ったトゲを貼り、茶やグレーの模造紙でくるむ。

●刀
新聞紙を丸め、紙テープを貼る。

サル兼ナレーター（3人）
しっぽは針金を布でくるむ
赤いフェルト
茶のニット帽に茶のTシャツ。茶のサテン地のベストとズボンに茶のタイツ。

ウサギ（2〜3人）
白いフェルトで作った耳（中はピンク）をカチューシャでとめる。白いTシャツに、白いバルーンパンツ。白いタイツ。

キツネ（2〜3人）
カチューシャに耳をつける。指絵の具でひげを描く。黄土色のTシャツに黄土色のサテン地のベストとパンツ。綿を詰めたしっぽをつける。

クマ（2〜3人）
クマの顔を描いた黒い不織布の帽子に耳をつける。赤いスカーフを巻き、黒の上下で黒い手袋をする。

鬼（2〜3人）
鬼のお面をかぶる。赤いTシャツとタイツにひょう柄のパンツ。

登場人物	セリフ・歌・効果音など	動き・アドバイスなど

第1幕
（山の中）

（サル①〜③はナレーター兼）		
サル①	昔々、足柄山という山に、	
サル②	金太郎という、とても力持ちで元気な男の子がいました。	
サル③	金太郎は、お母さんと2人で仲良く暮らしていました。	
		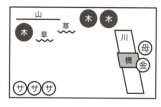
母親	金太郎、夕飯のきのこを採って来てくれるかい？	
金太郎	まかせて！　お母さん。	きのこを入れるかごを渡す母親。
金太郎	じゃあ、行って来ま〜す！	手をふり、かごを持って橋を渡り、出かける金太郎。
母親	気をつけてね。	母親、上手に下がる。草や木の陰から出て来る動物たち。
サル①	金太郎が歩いていると、山の動物たちがたくさんついて来ました。	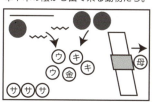
ウサギ①	金太郎、どこに行くの？	
金太郎	きのこ採りだよ。	
ウサギ②	私たちも連れてって！	
キツネ①	ぼくも！	
サル②	ぼくたちも、連れてってもらおうよ！	
サル①、③	賛成！	
サル①〜③	ぼくたちも、連れてって！	金太郎に近づくサルたち。
金太郎	よし。じゃあ、みんなできのこ採りに行こう。	
動物全員	やったー！	手を上げて喜ぶ動物たち。

金太郎 動物全員	じゃあ、きのこ採り開始！ オー！
キツネ② ウサギ①	わあ、きのこあった！ こんなところにも、あった！

それぞれバラバラになり、草の陰に隠してあったきのこを採る。

♪効果音

CD35 クマが現れる音　＜楽譜P.59＞

下手から、いばった様子でクマたち登場。

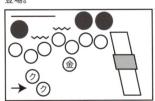

クマ① クマ②	こらー！　お前たち！ おれ様たちの山で、きのこを採るなー！
ウサギ② キツネ① 動物全員	キャー、あばれん坊のクマだ！ ど、どうしよう・・・。 怖いよう！

金太郎の後ろに隠れるウサギ、キツネ、サルたち。

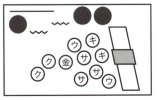

金太郎 クマ① クマ②	ここは、みんなの山だぞ！ 何だと、なまいきな！ お前なんか、投げ飛ばしてやる！
金太郎	えいっ！

♪効果音

CD36 投げ飛ばされる音　＜楽譜P.59＞

金太郎、クマ②を投げ飛ばす真似をする。

クマ② クマ①	いててて・・・。何て強いんだ。 何てことをするんだ！　ちくしょう。 じゃあ、今度はおれが投げ飛ばしてやる！
金太郎	えいっ！

♪効果音

CD36 投げ飛ばされる音　＜楽譜P.59＞

金太郎、クマ①を投げ飛ばす真似をする。

クマ① 金太郎 クマ全員 クマ② クマ全員 金太郎	いててて・・・。何て強いんだ。 どうだ、参ったか！ 参りました。ごめんなさい！ どうかぼくたちも、仲間に入れてください。 お願いします！ よし、わかった。じゃあ、仲間に入れてやろう。

土下座をして謝り、仲間に入れてくれとお願いするクマたち。

♪歌
（金太郎、動物全員）

CD 33-34　金太郎　　　　　　　　　　　＜楽譜 P.58＞

　まさかり　かついで　きんたろう
　クマに　またがり　おうまの　けいこ
　ハイシイ　ドウドウ　ハイドウドウ
　ハイシイ　ドウドウ　ハイドウドウ

　あしがらやまの　やまおくで
　けだもの　あつめて　すもうの　けいこ
　ハッケヨイヨイ　ノコッタ
　ハッケヨイヨイ　ノコッタ

金太郎を先頭に行列になり、舞台をまわるように、みんなで行進しながら歌う。

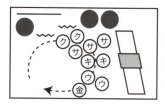

金太郎　よし。じゃあ、きのこもたくさん採れたことだし、みんなですもうをとって遊ぼう。
動物全員　やったー！
金太郎　じゃあ、まずは、ウサギさん、キツネさん、サルさん全員対クマさんひとりだ。
サル全員　よーし、がんばるぞ！

金太郎　はっけよーい、のこった、のこった！

手を上げて喜ぶ動物たち。

金太郎、草の後ろに隠してあった軍配を取り出して行司をし、ウサギ、キツネ、サルたちと、クマ①がすもうをとる。

♪効果音

CD 37　すもうをとる音　　＜楽譜 P.59＞

クマ①　えいっ、えいっ、えいっ！　えいっ、えいっ、えいっ！

♪効果音

CD 36　投げ飛ばされる音　　＜楽譜 P.59＞

Advice
すもうをとる場面では、実際にすもうをして、負ける側が大げさに倒れる真似をしましょう。

ウサギ、キツネ、サルたちが、クマ①に次々と投げ飛ばされる真似をする。

ウサギ、キツネ、サル全員　参った！
キツネ②　クマさんは、やっぱり強いなあ。

金太郎　よし、じゃあ今度は、ぼく対クマさん二人と対決だ。ウサギさん、行司を頼むよ。
ウサギ①　はーい！
クマ①　二人で相手なら、負けないぞ。

ウサギ①　はっけよーい、のこった、のこった！

金太郎が、ウサギ①に軍配を渡す。ウサギ①が行司をし、金太郎とクマたちがすもうをとる。

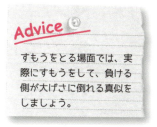

♪効果音

CD 37　すもうをとる音　　＜楽譜 P.59＞

金太郎　えいっ、えいっ！

♪効果音

CD 36　投げ飛ばされる音　　＜楽譜 P.59＞

クマたち、金太郎に次々と投げ飛ばされる真似をする。

クマ全員 クマ②	参った！ 金太郎は、やっぱり強いね。
サル① サル②	みんなで楽しく遊んでいると、急に空が暗くなってきました。 あっ、大粒の雨が降ってきたよ！
♪効果音	**CD38 大雨の音** ＜楽譜P.59＞
金太郎 動物全員	大雨だ！ みんな、木の下に避難しよう。 うん！
ウサギ② キツネ①	すごい雨だね。 なかなか、止みそうにないね・・・。
♪効果音	**CD39 かみなりの音** ＜楽譜P.59＞
キツネ② 動物全員 金太郎	か、かみなりだ！ キャー！ 怖いよう！ 大丈夫だから。
	（少し間）
クマ① クマ②	雨、少し弱まってきたみたいだね。 あっ、少し晴れ間が見えてきた。
金太郎 動物全員	やっと、止んだようだね。さあ、もう大丈夫だ。 よかったー！
金太郎 動物全員	じゃあ、みんな今日はもうお家に帰ろう。 うん！
ウサギ① ウサギ② キツネ① キツネ② 金太郎	あーっ、見て！ 橋が流されてる！ ほんとだ！ どうしよう・・・。 お家に帰れないよ。 よし、まかせておいて！ うーん、えいっ！
金太郎 サル③ 動物全員	さあ、この木を渡って！ わあ、橋ができた！ すごーい！

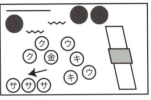

サル①～③、舞台左手前に戻る。

みんな、空を見上げる。
ここは実際の雨の音を効果音として流してもOK。

みんな、木の下に避難する。
サルも木の下に避難する。

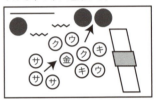

Advice
しゃがんで体を丸めて、かみなりにおびえている様子を全身で表現しましょう。

空を見上げるクマたち。
金太郎たちが木の下に避難している間に、保育者は上手から川にかけてあった橋を上手に下げる。

みんな、木の下から出て来る。

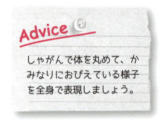

川を指さすウサギ①。

書き割りの木をひとつ倒し、橋の替わりに川にかける金太郎。

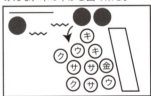

金太郎 動物全員	さあみんな、順番に渡ろう。 うん！
サル①	この様子を、あるお殿様が家来たちと一緒に見ていました。
家来① 殿様	殿、まさにあの子どもこそ、探していた家来にふさわしいですね！ うむ。ようやく見つけたぞ！　後をつけてみよう。

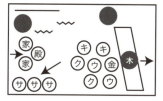

動物たちと金太郎、次々と渡って上手に下がる。
サル①〜③は舞台左手前に戻る。
殿様と家来、下手から登場。

幕閉める
（幕　前）

金太郎 母親	お母さん、ただいま！　きのこ、たくさん採れたよ。 お帰りなさい！
家来② 家来① 家来②	ちょっと、すみません。実はご相談があるのですが。 都では、鬼が好き放題あばれていて、みんな困っています。 そこで、その男の子に、鬼退治の家来になってもらえないでしょうか。
お母さん 殿様	はあ・・・。 お前のような、力強くて勇気のある男の子を探しておった。 ぜひ、家来のひとりとして、都に連れて帰りたい。
母親	それはありがたいことです。 金太郎、人々のためにお役に立ってきなさい。
金太郎	うん！　ぼく頑張ってくるよ。
家来①	それでは、参りましょう。
金太郎 母親	じゃあ、お母さん、行ってきます。 体にはくれぐれも気をつけてね！

金太郎と母親、上手から幕前に登場。

続いて殿様と家来たちが登場。

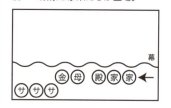

金太郎、大きくうなずく。
金太郎、母親に手をふり、殿様たちと下手に下がる。

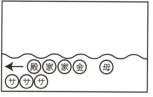

サル②	こうして、金太郎は殿様たちに連れられて、都に鬼退治に行くことになりました。
サル③	そして金太郎は、都で修行を積んで、ますます強くなっていったのです。

第2幕 - 幕開く
（都）

サル①	都では、鬼があばれて、人々を困らせていました。	鬼たち、舞台中央で金棒をふり上げてあばれている。 金太郎と殿様たち、下手から登場。 オ＝鬼
♪効果音	**CD 40　鬼があばれる音**　　＜楽譜 P.59＞	
鬼① 鬼②	ほーら、もっと小判をよこせ！ 何か、ごちそうはないのかー！	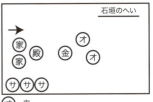 鬼は、金棒をふり上げながら大股で歩き、ドスのきいた声色でセリフを言い、鬼になりきりましょう。
金太郎	鬼どもめ！　何をしている！	
鬼① 鬼②	何だ、小僧！　小判でも持って来たか。 何だ、小僧！　ごちそうでも持って来たか。	
金太郎 鬼全員	お前たちにやるものはない！ 何だと！	
金太郎	こらしめてやる！　えいっ！	
♪効果音	**CD 36　投げ飛ばされる音**　　＜楽譜 P.59＞	 金太郎、次々と鬼たちを投げ飛ばす。
鬼①	いててて・・・。なんて強いんだ。	

金太郎	えいっ！

> ♪効果音 　🆑36　**投げ飛ばされる音**　　＜楽譜 P.59＞

鬼②	いててて・・・。なんて強いんだ。
金太郎	どうだ、参ったか。
鬼①	参りました！
金太郎	もう、悪いことはしないか。
鬼②	もう、しません！
鬼全員	誓います！
鬼全員	ごめんなさい！

金太郎、鬼から金棒を取り上げる。
土下座する鬼たち。
鬼たち、上手に走って下がる。

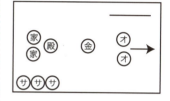

サル②	鬼たちは、そう言うと岩山に逃げ帰って行きました。
サル③	そして、やっと都に平和が戻りました。
殿様	金太郎、でかしたぞ！
家来②	鬼を退治するとは・・・。さすが金太郎！

金太郎に近づく殿様と家来。

> ♪歌（全員）　🆑33-34　**金太郎**　　＜楽譜 P.58＞
>
> まさかり　かついで　きんたろう
> クマに　またがり　おうまの　けいこ
> ハイシイ　ドウドウ　ハイドウドウ
> ハイシイ　ドウドウ　ハイドウドウ
>
> あしがらやまの　やまおくで
> けだもの　あつめて　すもうの　けいこ
> ハッケヨイヨイ　ノコッタ
> ハッケヨイヨイ　ノコッタ

動物たち、母親、鬼たちが再登場し、舞台中央で整列してみんなで歌う。

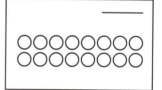

歌い終わったら、サルたちは舞台左手前に戻る。

サル①	金太郎は、ごほうびに、お母さんを呼び寄せ、殿様の家来として、お城で一緒に暮らすことになりました。
サル②	そして金太郎は、誰よりも強い、立派なお侍さんになりましたとさ。
サル③	これで、「金太郎」のお話は、おしまい。

金太郎

作詞：石原和三郎／作曲：田村虎蔵

tr.33：歌入り
tr.34：カラオケ

tr.35　クマが現れる音

tr.36　投げ飛ばされる音

tr.39　かみなりの音

tr.37　すもうをとる音

tr.38　大雨の音

tr.40　鬼があばれる音

グリム童話
赤ずきん

【対象年齢】4～5歳児　　CD tr.41-48

あらすじ

お母さんが作ってくれた赤いずきんをいつもかぶっていた女の子は、みんなから「赤ずきん」と呼ばれていました。

赤ずきんは、風邪をひいたおばあさんのお見舞いに行くことになりました。途中オオカミが現れ、花を摘んで持って行くとおばあさんが喜ぶだろうと赤ずきんに入れ知恵をします。

赤ずきんが花を摘んでいる間に、オオカミは先まわりしておばあさんのところに行き、おばあさんを食べてしまいます。そして、おばあさんになりすまして、やって来た赤ずきんも、食べてしまいました。

そこに猟師がやって来て、オオカミが眠っているすきに、お腹をハサミで切り、赤ずきんとおばあさんを助け出してくれました。

キャスト

赤ずきん（1人）
赤い綿のずきんをかぶり、白いブラウスに青い長めのスカート。

お母さん（1人）
白いハイネックのブラウスに長めのスカート。白いエプロン。

リス兼ナレーター（3人）
茶の不織布の帽子に耳をつける。茶のTシャツに茶のサテン地のベストとズボン。茶のタイツをはき、しっぽはタオル地に綿を詰める。

村人（2人）
頭にはスカーフを巻く。白いハイネックのブラウスに長めのスカート。白いエプロン。

準備するもの

● 木

● 草
● 花

● ドア
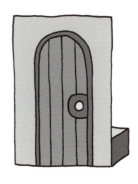
段ボール板で作り、色をつける。段ボールか大きな積み木で支える。

● 窓

板目紙に描く。舞台背景につける。

● ベッド

巧技台の上に本物の布団と枕を置く。

● 赤ずきん
● 銃

赤い綿のずきんにリボンをつける。
おもちゃの銃を使用。

● 花（摘む花）

針金に紙テープを巻き、折り紙で作った花や葉をつける。

● 小石
● 大きめの石

発泡スチロールにグレーや茶の折り紙や色紙を巻く。

● ハサミ
● 針

段ボールを切り、アルミホイルを巻いたり、色をつける。

● ぶどう酒とお菓子

本物のかごに、ラベルを取ったペットボトルのジュースや、色紙などで作ったお菓子を入れる。

オオカミ（1人）

オオカミの顔を不織布で作り、口の部分には板目紙を入れる。茶のオーガンジーのフリルをえりに見立て、茶のつなぎを着る。黒い手袋とくつ下をはく。

ミツバチ（3〜5人）
黄色の不織布の帽子。モールで触角を作る。白いTシャツに黄色と黒の綿のボーダーのベストとブルマー。ワイヤーを付けたオーガンジーの羽。白いタイツをはく。

ウサギ（3〜5人）

白いフェルトでつくった耳（中はピンク）をカチューシャでとめる。白いサテン地のベストとバルーンパンツ。白いタイツ。

おばあさん（1人）

白い綿のキャップにメガネ。ハイネックのブラウスに長めのスカートと白いエプロン。

猟師（2〜3人）

羽をつけたハットに、つけひげ。白いシャツにベロアの緑のベスト。茶の半ズボンに大きいバックルのベルト、茶のブーツ。

| 登場人物 | セリフ・歌・効果音など | 動き・アドバイスなど |

第1幕
(赤ずきんの家)

(リス①〜③はナレーター兼)

リス① リス② リス③	昔、あるところに、とってもかわいい女の子がいました。 女の子は、お誕生日に、お母さんから赤いずきんをプレゼントしてもらいました。 お母さんの手作りのずきんです。	
お母さん 赤ずきん	お誕生日おめでとう！　はい、プレゼントよ。 わあ、素敵！　お母さん、ありがとう！	お母さん、赤ずきんにずきんを渡す。 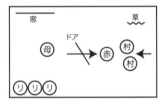
お母さん 赤ずきん	とってもよく似合うわ。 ほんと！？　じゃあ、これでちょっとお散歩してくるね。	ずきんをかぶり、ドアから家の外に出る赤ずきん。
村人① 村人② 赤ずきん 村人全員	おやまあ、かわいい赤ずきんだねぇ。 とってもよく似合っているよ。 うふふ。お誕生日のプレゼントに、お母さんが作ってくれたの。 それはよかったね！	村人たち、上手から登場し、赤ずきんに近づく。 嬉しそうに笑う、赤ずきん。

♪歌
(赤ずきん、村人全員)

> CD 41-42　**赤ずきん**　　＜楽譜P.70＞
>
> あかい　ずきんの　おんなのこ
> かわいい　かわいい　あかずきん
> おかあさんの　てづくり　あかいずきん
> とっても　とっても　にあってる
> みんなの　にんきもの　あかずきん

赤ずきんと村人たち、バラバラに立って歌う。

Advice①
ここは、お母さんとリスが一緒に歌っても、いいでしょう。

赤ずきん 村人全員	それじゃあ、またね！ 赤ずきんちゃん、またね！	村人たち、手をふりながら上手に下がる。 赤ずきんは、ドアから家の中に戻り、赤ずきんとお母さん、下手に下がる。

リス①	女の子は、赤ずきんをとっても気に入って、毎日かぶっていました。
リス②	こうして、女の子はみんなから「赤ずきん」と呼ばれるようになりました。
リス③	そんなある日のこと・・・。
お母さん	おばあさんが、風邪で寝込んでしまったらしいの。 お見舞いに、ぶどう酒とお菓子を届けてちょうだい。 ただし、決して寄り道をしてはいけませんよ。
赤ずきん	はーい！ じゃあ、行って来ます。
お母さん	気をつけてね。
リス①	赤ずきんは、森の中にあるおばあさんの家へ出かけて行きました。

赤ずきんとお母さん、下手から登場し、お母さん、かごに入れたぶどう酒とお菓子を赤ずきんに渡す。

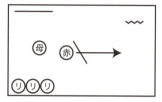

赤ずきん、かごを持ってドアから外に出て、上手に下がる。

幕閉める
（幕　前）

赤ずきん	ランラ、ランラ、ラン・・・。
♪効果音	**CD 43　オオカミが現れる音**　　＜楽譜P.71＞
オオカミ	おっ、うまそうな女の子だな。 お～や、赤ずきんちゃん、こんにちは。
赤ずきん	あっ、オオカミさん、こんにちは。
オオカミ	どこに行くところ？
赤ずきん	おばあさんのところへお見舞いに行くの。
オオカミ	それは偉いね。気をつけてね。
赤ずきん	ありがとう！
オオカミ	ようし、後をつけるぞ。すきをねらって食べてやる。

赤ずきん、手にかごを持ち、鼻歌を歌いながら上手から登場。その後ろから、オオカミが登場。

赤ずきんに近づくオオカミ。

赤ずきん、下手に下がった後、オオカミも下手に下がる。

第2幕 - 幕開く

（森の中）

リス②	そして、赤ずきんが森の入口にさしかかったときのことです。	赤ずきん、下手から登場。 その後、オオカミも下手から登場。
オオカミ	赤ずきんちゃん！	
赤ずきん	あらっ、オオカミさん。また会ったわね。	
オオカミ	ほら、見てごらん。きれいなお花がたくさん咲いているよ。 摘んでいったら、きっとおばあさん喜ぶよ。	花の書き割りを指さすオオカミ。
赤ずきん	そうね。花束にして持って行ったら、おばあさん、きっと喜ぶわ。	赤ずきん、花を摘む（花の書き割りの後ろに隠してあった 花を取り出し、摘む真似をする）。
リス③	赤ずきんは、お母さんの言いつけを忘れて、花を摘み始めました。	
オオカミ	よし、今だ！ 後ろから食べてやる！	オオカミ、両手を広げて、後ろから赤ずきんを襲う真似をする。

♪効果音　🎵44　**恐怖シーンの音**　＜楽譜P.71＞

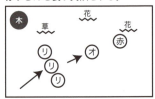

リス①	あっ、危ない！ 赤ずきんを助けなきゃ！	
リス②	石をあてるぞ。	
リス全員	えいっ、えいっ！	リスたち、オオカミに近づき、落ちていた小石を拾って、後ろからぶつける。

♪効果音　🎵45　**オオカミに石があたる音**　＜楽譜P.71＞

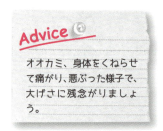

Advice
オオカミ、身体をくねらせて痛がり、悪ぶった様子で、大げさに残念がりましょう。

オオカミ	いててて・・・。なっ、何だ！？ くそっ、赤ずきんを食べそこなった。	
リス①	悪いオオカミめ！ 油断もすきもありゃしない。	
リス②	赤ずきんが無事で、よかった！	
リス③	赤ずきんは、いつも私たちに木の実をくれるから、 恩返ししないとね。	リスたち、舞台左手前に戻る。

ミツバチ①	やあ、赤ずきんちゃん。
赤ずきん	あっ、ミツバチさんたち、こんにちは。
ミツバチ全員	こんにちは。
ミツバチ②	何をしているの？
赤ずきん	おばあさんのお見舞いに持って行く花を摘んでいるの。
ミツバチ③	それは偉いね。たくさん摘んでね。
赤ずきん	うん！
オオカミ	よし、今度こそ、食べてやる！

ミツバチたち、上手から登場し、赤ずきんに近づく。

ミツバチたち、赤ずきんから離れて、別の花のところへ行こうとする。

♪効果音 　CD44　**恐怖シーンの音**　　＜楽譜P.71＞

オオカミ、両手を広げて、後ろから赤ずきんを襲う真似をする。

ミツバチ①	あっ、オオカミが、赤ずきんちゃんをねらってる！
ミツバチ②	危ない！　助けなきゃ！
ミツバチ③	針で刺してやるぞ！
ミツバチ全員	えいっ！

ミツバチたち、オオカミに近づき、おしりの針で、オオカミを刺す真似をする。

♪効果音 　CD46　**針を刺す音**　　＜楽譜P.71＞

オオカミ	いててて・・・。なっ、何だ！？ くそっ、また赤ずきんを食べそこなった。

オオカミ、身体をくねらせて痛がる真似をする。

ミツバチ①	悪いオオカミめ！　油断もすきもありゃしない。
ミツバチ②	赤ずきんちゃんが無事で、よかった！
ミツバチ③	赤ずきんちゃんは、いつもぼくたちに花の蜜をくれるから、 恩返ししないとね。
オオカミ	こうなったら、先まわりして、おばあさんの家に行ってやるぞ。

オオカミ、急ぎ足で下手に下がる。

リス①	オオカミは、赤ずきんより先に、おばあさんの家へ 向かったようです。
リス②	悪いことが起きなければ、いいんだけど・・・。
リス③	赤ずきんは、そうとは知らず、夢中で花を摘んでいます。
ウサギ①	あら、赤ずきんちゃん。
赤ずきん	あっ、ウサギさんたち、こんにちは。
ウサギ全員	こんにちは。
ウサギ②	何をしているの？
赤ずきん	おばあさんのお見舞いに持って行く花を摘んでいるの。
ウサギ③	それは偉いね。じゃあ、私たちも手伝うわ。

ウサギたち、上手から登場し、赤ずきんに近づく。

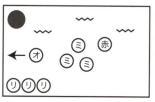

赤ずきん	ありがとう！

 赤ずきん ＜楽譜 P.70＞

あかい　ずきんの　おんなのこ
かわいい　かわいい　あかずきん
おかあさんの　てづくり　あかいずきん
とっても　とっても　にあってる
みんなの　にんきもの　あかずきん

♪歌
（赤ずきん、
ミツバチ、
ウサギ全員）

赤ずきん、ミツバチ、ウサギたち、舞台中央でバラバラに立って歌う。

歌い終わったら、ミツバチたちは、下手に下がる。

ウサギたち、花の書き割りの後ろに隠してある花を取り出し、摘む真似をする。

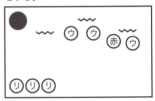

赤ずきんに花を渡すウサギたち。

ウサギ① ウサギ②	それじゃあ、たくさん摘みましょう！ 赤ずきんちゃんは、いつも私たちと遊んでくれるから、恩返ししないとね。
ウサギ③	ほんと、ほんと！
ウサギ全員 赤ずきん	はい、赤ずきんちゃん。 ありがとう！　大きな花束ができたわ。 それじゃあ、そろそろおばあさんの家に行くね。
ウサギ全員 赤ずきん	気をつけてね！ はーい！

赤ずきん、上手に下がる。

幕閉める
（幕　前）

♪効果音

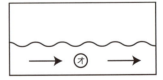 **オオカミが現れる音** ＜楽譜 P.71＞

オオカミ	赤ずきんのおばあさんの家は、この先だな。 ようし、おばあさんも赤ずきんも、二人とも食べてやろう。

オオカミ、下手から登場し、上手に下がる。

第3幕 - 幕開く

(おばあさんの家)

リス	そして、オオカミはおばあさんの家にやって来ました。	
♪効果音	**CD 47 ドアをたたく音** <楽譜 P.71>	
おばあさん オオカミ おばあさん	誰だい？ 赤ずきんよ。おばあさんのお見舞いに来たの。 はいはい、今開けるよ。	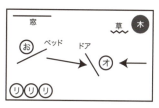 オオカミ、上手から登場。 おばあさんは、ベッドで寝ている状態から起き上がり、ドアを開ける。
オオカミ おばあさん	おばあさんを食べてやる！ キャー！	
♪効果音	**CD 44 恐怖シーンの音** <楽譜 P.71>	オオカミ、両手を上げて、おばあさんを食べる真似をし、おばあさん、下手に下がる。
リス	大変！　おばあさんがオオカミに食べられてしまいました。	
オオカミ	あー、うまかった。今度は赤ずきんを食べるぞ。	
リス	オオカミは、そう言うと、ベッドにもぐりこみました。	オオカミ、ベッドにもぐりこむ。
♪効果音	**CD 47 ドアをたたく音** <楽譜 P.71>	赤ずきん、手にぶどう酒とお菓子のかごと花束を持って、上手から登場。
オオカミ 赤ずきん オオカミ	誰だい？ 赤ずきんよ。おばあさんのお見舞いに来たの。 開いているから、お入り。	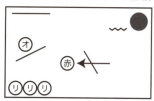 ドアから部屋の中に入る。

赤ずきん	おばあさん、声がガラガラだわ。
オオカミ	のどが痛いからね。
赤ずきん	どうしてそんなに、お耳が大きいの？
オオカミ	お前のかわいい声が、よーく聞こえるようにさ。
赤ずきん	どうしてそんなに、お目々が大きいの？
オオカミ	お前のかわいい顔が、よーく見えるためにさ。
赤ずきん	どうしてそんなに、お口が大きいの？
オオカミ	お前を食べるためにさ。
オオカミ	今度こそ、食べてやる！
赤ずきん	キャー！

♪効果音　CD44　恐怖シーンの音　<楽譜 P.71>

オオカミ、両手を上げて、赤ずきんを食べる真似をし、赤ずきん、下手に下がる。

リス①	大変！
リス②	今度は、赤ずきんが食べられてしまいました。
オオカミ	あー、うまかった。お腹がいっぱいになったら、眠くなった。ひと眠りするか。
リス③	オオカミは、そう言うとまたベッドにもぐりこんで、大きないびきをかいて、寝てしまいました。
オオカミ	ガオー、ガオー・・・。
リス①	そこに、猟師たちが通りかかりました。
猟師①	おばあさんの家から、なんだか、すごいいびきが聞こえるぞ。
猟師②	おばあさんの声にしては、おかしいな。中に入ってみよう。
オオカミ	ガオー、ガオー・・・。
猟師①	あっ、オオカミがベッドで寝ているぞ！
猟師②	お腹がこんなに膨れている。
猟師①	きっと、おばあさんを食べたに違いない。
猟師②	まだ生きているかもしれないぞ。よし、助けよう！
リス②	猟師たちは、そう言うと、そばにあった大きなハサミで、オオカミのお腹を切りました。
リス③	すると、お腹の中から、赤ずきんとおばあさんが出てきました。

Advice
オオカミは、ここではなりきって、低い声で、表情豊かにセリフを言いましょう。

オオカミ、両手を上げて、赤ずきんを食べる真似をし、赤ずきん、下手に下がる。

オオカミ、お腹を押さえながら、ベッドにもぐりこむ。

Advice
オオカミのいびきは、あらかじめ録音しておいたものを、大きめの音で流してもいいでしょう。

猟師たち、上手から登場し、ドアを開けて部屋の中に入り、オオカミに近づく。

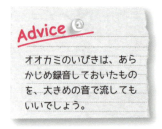

猟師たち、ベッドの下に隠してあったハサミを取り出し、オオカミのお腹を切る真似をする。
下手から飛び出す、赤ずきんとおばあさん。

赤ずきん おばあさん 猟師全員	わーい、助かった！　猟師さん、ありがとう！ やれやれ、もうダメかと思った。ありがとうございます。 よかった、よかった！	嬉しそうにお辞儀をする、赤ずきんとおばあさん。
猟師①	オオカミが寝ているうちに、お腹に石を詰めよう。	外に落ちていた石を拾って来る猟師①。
リス①	猟師は、オオカミのお腹に石を詰めて、針で縫いました。	猟師②は、オオカミのお腹に石を入れ、ベッドの後ろに隠してあった針で、縫う真似をする。
猟師②	これで大丈夫。しばらく隠れて、様子を見よう。	ベッドの後ろにしゃがんで隠れる赤ずきん、おばあさん、猟師たち。
オオカミ	あー、よく寝た。起きるとするか。 のどが渇いたから、池に水を飲みに行くか。 あれっ、なんだか体が重たいぞ。	オオカミ、両手を伸ばしてのびをし、ベッドから起き上がって、フラフラしながら、ドアから外に出て、上手に下がる。
オオカミ	（ひえっ〜！）	このセリフは、事前に録音しておいたものを流す。

♪効果音　**CD48　オオカミが池に落ちる音**　＜楽譜P.71＞

リス②	オオカミは、池に落ちて沈んでしまいました。	
赤ずきん、 おばあさん、 猟師全員	やったー！	両手を上げて喜ぶ赤ずきんたち。
赤ずきん おばあさん	おばあさん、はい、これお見舞いのぶどう酒とお菓子とお花よ。 ありがとね。	赤ずきん、床に置いておいた、ぶどう酒とお菓子の入ったかごと、花束をおばあさんに渡す。

♪歌
（赤ずきん、おばあさん、猟師、リス全員）

CD41-42　赤ずきん　＜楽譜P.70＞

あかい　ずきんの　おんなのこ
かわいい　かわいい　あかずきん
おかあさんの　てづくり　あかいずきん
とっても　とっても　にあってる
みんなの　にんきもの　あかずきん

赤ずきん、おばあさん、猟師たちが、バラバラに立ち、リスたちは、舞台左手前で歌う。

リス③	それから、赤ずきんが持って来たぶどう酒とお菓子で おばあさんの風邪は、すっかりよくなったみたいですね。	
リス全員	めでたし、めでたし。	

tr.43　オオカミが現れる音

tr.44　恐怖シーンの音

tr.45　オオカミに石があたる音

tr.46　針を刺す音

tr.47　ドアをたたく音

tr.48　オオカミが池に落ちる音

アンデルセン物語
みにくいアヒルの子

【対象年齢】4〜5歳児　CD tr.49-57

あらすじ

池のほとりで、アヒルのお母さんが卵を産み、かわいいアヒルのヒナが生まれました。でも、その中に1羽だけ他の子どもとは違って変な声で鳴き、体も灰色のみにくいアヒルの子がいました。

みにくいアヒルの子は、他の子どもたちからいじめられ、やがてお母さんからも追い出されてしまいます。しかたなくトボトボ歩いていると、カラスがやって来て、カラスにもいじめられます。そして、お腹がすいたので、ある小屋にあったネコのミルクを飲もうとしたら、小屋の主人やネコたちが帰って来て、そこも追い払われてしまいました。

一人ぼっちのみにくいアヒルの子が、人目を忍んで冬をすごしていたある日、美しい白鳥の群れに出会いました。そして、自分もあんなふうに飛べたらいいなあとうらやましく思います。

やがて、季節は春になりました。羽を広げると、飛べるようになっていたのです。そこに近づいてきた白鳥たち。湖に体を映してみると、なんとそこには、白鳥が映っていました。みにくいアヒルの子は、白鳥だったのです。そして、白鳥の仲間たちと一緒に、いつまでも幸せに暮らしました。

キャスト

みにくいアヒルの子（1人）
〈通常〉灰色の帽子に灰色の毛糸と口ばしをつけてかぶる。灰色のTシャツに灰色の毛糸を丸めてつける。灰色のズボンとタイツ。

〈白鳥〉金の王冠に白い帽子と黄色い口ばし。白いサテン地のマントに金のリボンとテープをつける。白いタイツをはく。

アヒルの子（3〜5人）
黄色い帽子に口ばしをつけてかぶる。黄色いTシャツとブルマーとタイツ。

お母さんアヒル（1人）
頭にスカーフを巻き、黄色い口ばしをゴムで耳にかける。白いTシャツとパンツとエプロンに、黄色いくつ下をはく。

カラス（2〜3人）
黒い帽子に黒いTシャツとズボンとタイツ。背中には黒い羽をつける。

準備するもの

● 木

● 草

段ボール板で作り、色をつける。
段ボールか大きな積み木で支える。

● 小屋

● 池

ビニールのプールに草をつける。

● 湖

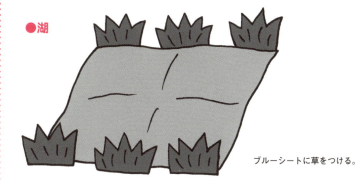

ブルーシートに草をつける。

● ミルク

本物のミルクを使用。

● ミルクを入れる皿

アルミの皿を使用。

ネコ（2～3人）
耳つきカチューシャをつける。ひげを描く。ボーダーのTシャツに茶の軍手をはめる。茶のズボンと茶のタイツに綿を詰めた茶のしっぽ。

おじさん（1人）
メガネにヒゲをつける。白いシャツでそでをまくる。カーキ色のズボンでサスペンダーをし、長ぐつをはく。

おばさん（1人）
白いブラウスにロングスカート。白いエプロンをする。

白鳥（3～5人）
白い帽子に黄色い口ばしをつける。白いTシャツに白いサテン地のベストをはおり、首に金のリボンをつける。白いブルマーに白いタイツ。

花の精兼ナレーター（3人）
フェルトで大きな花を作り、ピンで髪にとめる。ピンク色のオーガンジーのワンピースに緑のタイツ。

| 登場人物 | セリフ・歌・効果音など | 動き・アドバイスなど |

第1幕
（池のほとり）

（花の精①～③はナレーター兼）

花の精①
花の精②
花の精③

私たちは花の精です。ここで自然を守っています。
池のほとりの茂みの中で、アヒルのお母さんが卵を産みました。
やがて卵がかえり、かわいいアヒルのヒナたちが生まれました。

アヒルの子① ピーピー。
アヒルの子② ピーピーピー。
アヒルの子③ ピーピーピーピー。

お母さんアヒル 私の赤ちゃんたち、こんにちは。まあ、みんな、かわいいわね。

みにくいアヒルの子 ビービービー。

お母さんアヒル あら？　この子だけ、変な鳴き声ね。
しかも、体もみにくい灰色で大きいわ。

舞台の池の近くに、アヒルのお母さん、アヒルの子たち、みにくいアヒルの子がいる。

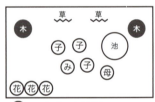

母 = アヒルのお母さん

♪効果音　　🎵CD 53　**不思議なイメージの音**　＜楽譜 P.83＞

Advice
アヒルの子たちは、高めのかわいい声で鳴き、みにくいアヒルの子は、わざと汚い声で鳴いて、対比させるとおもしろいでしょう。

アヒルの子① あれ～、変な色だなあ。ぼくたちの兄弟じゃないんじゃないの？
アヒルの子② 汚い色！　近寄ってきても、遊ばないよ。
アヒルの子③ よそのお家の子じゃないの？　しっしっ、あっちへ行けよ。

花の精① 他のアヒルの子どもたちは、そう言って、みにくいアヒルの子をいじめました。

アヒルの子たち、みにくいアヒルの子を取り囲むようにし、手で追い払う真似をする。

| お母さんアヒル | これ、およしなさい！　みんな私の子どもたちなんだから、少しくらい羽の色が違っても、仲よく遊ぶのよ。 |

♪歌
（みにくいアヒルの子、アヒルの子全員、お母さんアヒル）

CD 49-50　みにくいアヒルの子　＜楽譜P.81＞

どうして　そんなに　へんな　いろ
どうして　そんなに　へんな　こえ
おおきな　からだで　あるく　すがた
とても　アヒルのこに　みえない
みにくい　みにくい　アヒルのこ
みにくい　みにくい　アヒルのこ

みにくいアヒルの子、アヒルの子全員、お母さんアヒルが、舞台中央にバラバラに立って歌う。

Advice
花の精が一緒に歌ってもいいでしょう。

花の精②	はじめは、お母さんアヒルも、みんなで仲よくするように、みにくいアヒルの子をかばってくれました。
みにくいアヒルの子	ビービービー。
花の精③	でも、みにくいアヒルの子を見ているうちに、次第にお母さんの態度が変わっていきました。
お母さんアヒル	お前は、本当は七面鳥の子どもじゃないのかい？本当のお母さんを捜しておいで。

お母さんアヒル、遠くを指さしながら、みにくいアヒルの子に向かって言う。

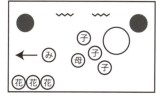

花の精①	お母さんアヒルは、そう言って、みにくいアヒルの子を追い出してしまいました。
みにくいアヒルの子	ビービー、お母さん・・・。
花の精②	みにくいアヒルの子は、泣きながら家を飛び出しました。

みにくいアヒルの子、泣く真似をしながら、下手に下がる。

幕閉める
（幕　前）

| ♪効果音 | **CD 54** 悲しみの音楽 <楽譜 P.83> |

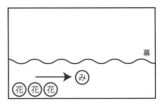
みにくいアヒルの子、しょんぼりしながら、下手から登場。

みにくいアヒルの子　ぼくは、本当にアヒルの子じゃないのかなあ・・・。
　　　　　　　　　　どうしてぼくだけ、羽の色が違うのかなあ・・・。

花の精③　みにくいアヒルの子が、しょんぼりして歩いていると、
　　　　　　向こうから、カラスたちがやって来ました。

カラス①　おやっ、お前はアヒルの子か？　それにしちゃ、汚い色だなあ。
カラス②　こんなにみにくいアヒルの子は、見たことないや。
みにくいアヒルの子　きみたちに言われたくないよ。
カラス①　みにくいアヒルの子のくせに、生意気だなあ。
カラス②　本当は、アヒルの子じゃないんじゃないのか？
カラス①　つついてやろうぜ！

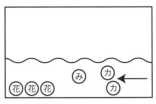
カラスたち、上手から登場し、みにくいアヒルの子に近づく。

花の精①　カラスたちは、みにくいアヒルの子を口ばしでつつきました。

みにくいアヒルの子　やめてよ～！

カラスたち、みにくいアヒルの子をつつく真似をする。

花の精②　みにくいアヒルの子は、カラスから逃げるように走って
　　　　　　行きました。

| ♪効果音 | **CD 55** みにくいアヒルの子が逃げる音 <楽譜 P.83> |

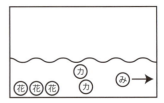
みにくいアヒルの子、走りながら上手に下がる。

第2幕 - 幕開く
（小屋の前）

花の精③	みにくいアヒルの子は、あてもなくトボトボ歩いていました。
みにくいアヒルの子	あー、お腹空いちゃったよう。何か食べるものないかなあ。
花の精①	ある家の小屋の前まで来ると、ミルクを見つけました。
みにくいアヒルの子	あっ、ミルクだ！　ちょっといただこう。 ゴクゴク・・・。ああ、おいしい！
花の精②	そこに、小屋のあるじたちが帰って来ました。
おじさん おばさん	こらっ、人の家のミルクを勝手に飲んでるのは、誰だ？ ずいぶん汚い色の鳥だねぇ。
ネコ① ネコ②	あっ、ぼくたちのミルクを飲んでる！ 勝手に飲むんじゃないよ！
おじさん おばさん ネコ全員	あっちへ行け〜！ ミルクどろぼ〜！ 出て行け〜！
みにくいアヒルの子	ごめんなさい〜！
♪効果音	🅲🅳 55　みにくいアヒルの子が逃げる音　＜楽譜P.83＞
花の精③	みにくいアヒルの子は、逃げるように走って行きました。

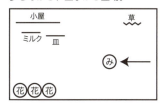

みにくいアヒルの子、トボトボ歩きながら、上手から登場。

ミルクを見つけ、しゃがんで飲む真似をする。

おじさん、おばさん、ネコたちが上手から登場し、みにくいアヒルの子に近づく。

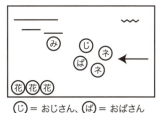

じ＝おじさん、ば＝おばさん

おじさん、おばさん、ネコたち、みにくいアヒルの子を手で追い払う真似をする。

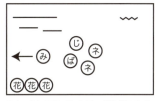

みにくいアヒルの子、逃げるように下手に下がる。

幕閉める

（幕　前）

花の精①	みにくいアヒルの子が人目を忍んで過ごしているうちに、季節は秋を過ぎ、冬になりました。	みにくいアヒルの子、寒そうに震えながら、下手から登場。
花の精②	みにくいアヒルの子は、ひとりで寒さをじっとこらえています。	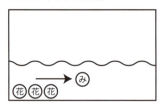
みにくいアヒルの子	寒いなあ・・・。寂しいなあ・・・。ぼくは、このままずっとひとりぼっちなのかな・・・。	
花の精③	そんなある日、みにくいアヒルの子は、とても美しい光景を目にしました。	白鳥たち、両手を大きく動かして、飛ぶ真似をしながら、上手から登場。
♪効果音	**CD56 白鳥が優雅に飛ぶ音** ＜楽譜P.83＞	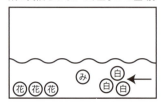
みにくいアヒルの子	あっ、白鳥の群れだ！	
♪歌 （白鳥、みにくいアヒルの子、花の精全員）	**CD51-52 白鳥の群れ** ＜楽譜P.82＞ しろい　おおきな　つばさを　ひろげ はくちょうの　むれが　とんでいく うつくしい　そのすがた まっしろな　そのすがた まぶしいほどの　はくちょうのむれ ゆうがに　ゆっくり　とんでいく	白鳥たち、みにくいアヒルの子、花の精たちが、舞台中央でバラバラに立って歌う。 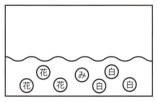 歌い終わったら、白鳥たちは上手に下がる。
みにくいアヒルの子	白い翼がきれいだなあ。ぼくも、あんなふうに飛べたらいいのになあ。	
花の精①	みにくいアヒルの子は、ため息をつくように、そう言いました。	
みにくいアヒルの子	もう生きていても辛いだけだから、消えてしまいたいよ。	
花の精② 花の精③ 花の精① 花の精②	私たちは花の精です。 そんなに悲しまないで。 今は辛くても、春まで待ってごらんなさい。 きっと、素敵なことが起こりますよ。	花の精たちが、みにくいアヒルの子のところに行く。 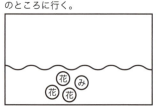
みにくいアヒルの子	ほんと！？	
花の精全員	本当ですよ。	みにくいアヒルの子、上手に下がり、花の精たちは、舞台左手前に戻る。

第3幕 - 幕開く

（湖のほとり）

花の精③	そして、春がやってきました。
みにくいアヒルの子	あー、暖かくてポカポカだ。ぼくの翼も、少し大きくなった気がするな。ちょっと動かしてみよう。
花の精①	みにくいアヒルの子は、そう言うと、翼を広げました。
♪効果音	**CD 56** 白鳥が優雅に飛ぶ音　　＜楽譜P.83＞
みにくいアヒルの子	わあ、ぼく、こんなに飛べるようになってる！ 飛んだ、飛んだ！
花の精②	近くの湖には、白鳥たちがいました。
みにくいアヒルの子	あっ、白鳥の群れだ。みんな、なんて立派なんだろう。 そばに行きたいなあ。でも、またいじめられるだろうなあ。
花の精③	そこに、白鳥たちが近づいて来ました。
白鳥①	あら、新人さんね。
みにくいアヒルの子	えっ、あの・・・、ぼくが汚いから、追い払うつもりなの？
白鳥②	何を言っているの？　同じ仲間じゃないの。
みにくいアヒルの子	同じ仲間？　ぼくはアヒルだよ。

舞台の湖には、白鳥たちがいる。みにくいアヒルの子が白鳥の姿で上手から登場。

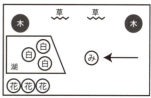

みにくいアヒルの子は、両手を大きく動かして、翼を広げる真似をする。みにくいアヒルの子、飛び上がって喜ぶ。

白鳥たちを見つめる、みにくいアヒルの子。

白鳥たち、みにくいアヒルの子に近づく。

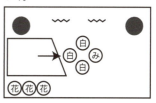

白鳥③ / 白鳥①	何を寝ぼけたことを言っているの。 きみは、誰が見ても白鳥でしょ？
花の精①	びっくりした、みにくいアヒルの子は、湖に自分の姿を映してみました。
みにくいアヒルの子	わあっ、白鳥になってる！
♪効果音	**CD 57　驚きの音**　　　　　　　　　　＜楽譜 P.83＞
花の精②	そこに映っていたのは、立派な白鳥の姿でした。
みにくいアヒルの子	ぼくは、アヒルではなく、白鳥だったんだ！
花の精③	そうです。みにくいアヒルの子は、冬の間に羽が生え変わり、美しく光り輝く、真っ白な白鳥に姿を変えていたのです。
白鳥②	きみは、若くてひときわ美しいね。
みにくいアヒルの子	ほんと！？　嬉しいよう！
白鳥③	さあ、一緒に飛びましょう。
みにくいアヒルの子	うん！
♪歌（全員）	**CD 49-50　みにくいアヒルの子**　　＜楽譜 P.81＞ どうして そんなに へんな いろ どうして そんなに へんな こえ おおきな からだで あるく すがた とても アヒルのこに みえない みにくい みにくい アヒルのこ みにくい みにくい アヒルのこ
花の精① 花の精② 花の精③	それからは、みにくいアヒルの子は、白鳥の仲間たちと一緒に、いつまでも幸せに暮らしたそうですよ。 よかったね！ これで、「みにくいアヒルの子」のお話は、おしまい。

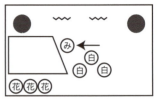

みにくいアヒルの子、湖に近づき、体を映す真似をする。

Advice⑤
みにくいアヒルの子、びっくりする様子を表情豊かに表現しましょう。

みにくいアヒルの子、身体を動かして、大喜びする。

みにくいアヒルの子、白鳥たちとともに、舞台を自由に飛ぶ真似をする。

全員が再登場し、舞台中央で整列して歌う。

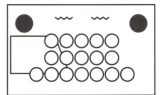

歌い終わったら、花の精たちは、舞台左手前に戻る。

tr.53 不思議なイメージの音

tr.55 みにくいアヒルの子が逃げる音

tr.54 悲しみの音楽

tr.56 白鳥が優雅に飛ぶ音

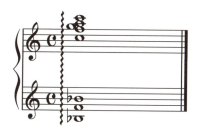

tr.57 驚きの音

グリム童話
ヘンゼルとグレーテル

【対象年齢】4～5歳児　　tr.58-65

あらすじ

昔々、木こりの家族がいました。ある日、お父さんとお母さんは、子どものヘンゼルとグレーテルを連れて、森に木を切りに行きました。森の中に行く途中、ヘンゼルは迷子になったときのために、目印にパンを少しずつちぎって落としました。そして、お父さんたちが「木を切って来るから、お前たちはここで待っているんだよ」と言って別れますが、いつまで経っても、戻って来ません。お父さんたちは、森の奥で出口を間違えて、ヘンゼルたちのところに戻って来れなかったのです。ヘンゼルたちは仕方なく、家に戻ろうとしますが、来たパンを目印に、家に戻ろうとしますが、パンは小鳥たちにすっかり食べられていました。

2人は森の中をさまよい歩いていると、一軒の家を見つけました。それはなんと、お菓子で出来た家だったのです。家にはおばあさんがいて、中でごちそうを食べさせてくれました。とろが、それは恐ろしい魔女だったのです。ヘンゼルは考え、魔女がかまどをのぞいているときに、魔女を力一杯かまどの中に押し込みました。2人が魔女の家を逃げ出すと、森の精たちがやって来ました。2人は森の精たちに連れられて、無事に自分たちの家に帰ることができました。

キャスト

ヘンゼル（1人）
茶の帽子に白い綿のシャツと紺のベスト。グレーのパンツをひもでしばる。素足に紺のフェルトのくつ。

グレーテル（1人）
赤いバンダナに白い綿のブラウスと赤いベスト。紺のフレアースカートに素足に紺のフェルトのくつ。

お父さん（1人）
太くマユを描き、くちひげ、あごひげをつける。少しまくったベージュのシャツに茶のベストとポシェット。茶の七分パンツに黒のブーツ。

お母さん（1人）
チェックのバンダナに白い綿のブラウス。白いエプロンに紺のスカート。紺のフェルトのくつ。

準備するもの

● 木

● 草

● ヘンゼルたちの家

● かまど

● お菓子の家

段ボール板で作り、色をつける。段ボールか大きな積み木で支える。

● テーブル

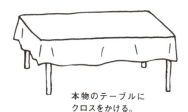

本物のテーブルにクロスをかける。

● いす

模様をつけた段ボール板を本物のいすの背に貼る。

● おの（厚紙／木の棒）

● まき

新聞紙を丸め、色紙でくるみ木の模様を描く。

● パン

本物を使用。

● ロープ

両方の先にマジックテープをつける。

● ごちそう（ペットボトル／プラスチックのカップ）

厚紙や画用紙、フェルトなどで作る。

● つえ

棒の先に板目紙をつけて巻き、全体をビニールテープで巻く。

ウサギ（3〜5人）
白いフェルトでつくった耳（中はピンク）をカチューシャでとめる。ピンクのサテン地のベストとバルーンパンツに白いタイツ。

小鳥（3〜5人）
茶の帽子に黄色いくちばしをつける。クリーム色のTシャツと茶のベストに、針金に薄い茶の布を貼りつけた羽をつける。薄い茶のパンツに茶のタイツ。

おばあさん＜魔女＞（1人）
紫のフードつきケープを頭にかぶる。つけ鼻をテープでつける。うす紫のブラウスにベロア生地の紫のロングスカートと薄紫のブーツ。つえを持つ。

森の精（2〜3人）
葉の輪をかぶる。淡い緑のワンピースに黄緑の葉をえり元につける。編みあげくつをはく。

リス兼ナレーター（3人）
茶の不織布の帽子に耳をつける。サテン地の上下。茶のタイツ。しっぽはタオル地に綿を詰める。

登場人物	セリフ・歌・効果音など	動き・アドバイスなど

第1幕
（森の中）

（リス①〜③はナレーター兼）

リス① リス② リス③	昔々、木こりの家族がいました。 お父さんとお母さん、そしてヘンゼルとグレーテルという2人の子どもたちの4人家族です。 今日は、森の中にやって来ました。	お父さん、お母さん、ヘンゼル、グレーテル、上手から登場。お父さんとお母さんは、手におのを持っている。ヘンゼルはパンをちぎって落としながら登場。 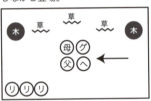
ヘンゼル お父さん グレーテル お母さん	ずいぶん森の奥まで来たね。 さあ、私たちはもっと奥まで行って、木を切って来るからお前たちは、ここで待っているんだよ。 うん、わかった。 すぐに戻って来るからね。	
お父さん お母さん	じゃあ、木を切りに行こう。 そうしましょう。	お父さんとお母さん、下手に下がる。
リス① リス② リス③	お父さんはそう言うと森の奥へ入って行きました。 でも、森の奥はとても深くて、出口を間違えて、ヘンゼルたちのところへ戻って来れなかったのです。 そうとは知らないヘンゼルとグレーテル。	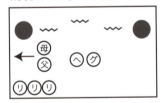
グレーテル	お兄ちゃん、なんだか薄暗くて怖いわ。 お父さんたち、戻って来なかったらどうしよう・・・。	**Advice** グレーテルは心配そうにセリフを言い、ヘンゼルはグレーテルの両手を取って、励ますようにセリフを言いましょう。
ヘンゼル	大丈夫だよ。すぐに戻って来るよ。 それに、迷子にならないように、来る途中、パンをちぎって落として来たから、お家にだって帰れるよ。	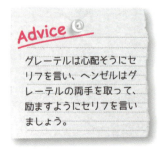
リス①	そこに、ウサギたちがやって来ました。	

ウサギ全員	ランラ、ランラ、ラン・・・。
ヘンゼル	あっ、ウサギさんたちだ！
ウサギ全員	やあ、こんにちは！
ヘンゼル、グレーテル	こんにちは。
ウサギ①	きみたちは、兄妹？
ヘンゼル	うん、ぼくはヘンゼル。
グレーテル	私は妹のグレーテル。
ウサギ②	ここで何してるの？
ヘンゼル	お父さんたちを待ってるんだ。
グレーテル	今、木を切りに行ってるの。
ウサギ③	2人で待っているんだね。偉いね。
リス②	ぼくたちも、ヘンゼルたちのところに行ってみようよ。
リス③	そうしよう！
リス全員	皆さん、こんにちは！
ヘンゼル	あっ、リスさん！
ヘンゼル、グレーテル、ウサギ全員	こんにちは！

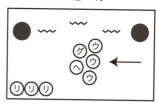
ウサギたち、上手から登場し、ヘンゼルたちに近づく。

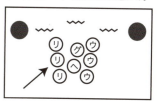
リスたち、ヘンゼルたちに近づく。

♪歌
（ヘンゼル、グレーテル、ウサギ、リス全員）

CD 58-59　ヘンゼルとグレーテル ＜楽譜 P.94＞

ヘンゼルと　グレーテル
なかよし　きょうだい
ヘンゼルと　グレーテル
かわいい　きょうだい
おとうさんたちを　まっている
もりの　なかで　まっている
ふたりで　なかよく　まっている

ヘンゼル、グレーテル、ウサギたち、リスたち、舞台中央にバラバラに立って歌う。

ウサギ①	ねえ、みんなでかくれんぼでもして遊ばない？
ヘンゼル、グレーテル、ウサギ②、③、リス全員	さんせーい！
ヘンゼル	じゃあ、ぼくとグレーテルが鬼になるから、みんな隠れて！
ウサギ、リス全員	オッケー！
ヘンゼル、グレーテル	もういいかい？
ウサギ、リス全員	ま～だだよ～。
ヘンゼル、グレーテル	もういいかい？

Advice
「さんせーい！」のセリフは、嬉しそうに大きな声で、手を上げながら言いましょう。

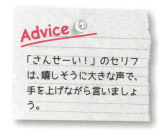
ヘンゼルとグレーテルは、ウサギとリスたちに背を向けて、両手で顔を隠して、セリフを言う。ウサギとリスたちは、木や草の後ろに隠れる。

ウサギ、リス全員	もういいよ〜。
ヘンゼル グレーテル	どこに隠れたのかな？ どこだろう？

🎵効果音

CD60　小鳥の鳴き声　　　　　　　　　＜楽譜 P.95＞

小鳥① 小鳥② 小鳥③	お腹が空いたね。 何か、食べるものないかなあ・・・。 あっ、こんなところにパンが落ちているよ！ ムシャムシャ、おいしいなあ！
小鳥① 小鳥②	あっ、ここにも落ちているよ！　モグモグ、おいしい！ あっ、こっちにも落ちている！　パクパク、おいしい！
小鳥③ 小鳥①、②	お腹一杯になったね。 うん！
ヘンゼル グレーテル ウサギ、リス全員	あっ、ウサギさん、見っけ！ あっ、リスさんも、見つけた！ あ〜あ、見つかっちゃった。
ウサギ② リス①、② ヘンゼル、グレーテル	じゃあ、ぼくたちはそろそろ行くね。 ぼくたちも行くね。 うん、さようなら！
グレーテル ヘンゼル グレーテル ヘンゼル	ねえ、お父さんたち、戻って来ないね。 そうだね・・・。仕方ないから、暗くなる前に、お家に帰ろうか。 うん！ じゃあ、落としてきたパンを目印にして・・・。
ヘンゼル グレーテル ヘンゼル グレーテル	あれっ、おかしいな。パンがないぞ！ どうしたの、お兄ちゃん？ 落としてきたはずのパンがないんだ。 うそ！？

🎵効果音

CD61　衝撃の音　　　　　　　　　＜楽譜 P.95＞

ヘンゼル	さっき、小鳥さんたちがいたから、もしかしたらパンを食べちゃったのかもしれない。
グレーテル	きっと、そうだよ！
ヘンゼル、グレーテル	どうしよう・・・。

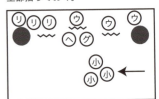

ヘンゼルとグレーテルは、ウサギやリスたちを探して歩く。

小鳥たち、上手から登場し、パンを拾って食べる真似をする。
また、このときパンは小鳥たちが全部拾っておく。

小鳥たち、お腹を押さえながら上手に下がる。

ヘンゼルはウサギたちを見つけ、グレーテルはリスたちを見つけて舞台中央に出る。

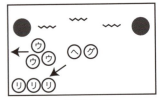

ウサギたち、下手に下がる。
リスたちは、舞台左手前に戻る。

ヘンゼル、落としてきたパンを探して歩く。

Advice
ヘンゼルとグレーテルは、ショックを受けたように、床にしゃがみ込むといいでしょう。

♪効果音	**CD 62** 心配な音楽　　　＜楽譜 P.95＞	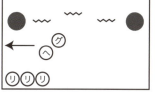 ヘンゼル、下手方向を指さし、グレーテルとともに下手に下がる。
ヘンゼル グレーテル	何とか、来た道を探そう。 どっちだろう・・・。	
ヘンゼル	あっちかもしれない。あっちの道を行ってみよう！	

幕閉める
（幕　前）

ヘンゼル グレーテル	この道でいいのかなあ・・・。帰る道がわからないな・・・。 こんな道、通ったっけ？	ヘンゼルとグレーテル、心配そうに下手から登場し、上手に下がる。 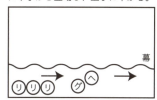
リス③	２人は、完全に道に迷ってしまったようです。	
ヘンゼル グレーテル	とにかく、この道を行ってみよう。 うん。	
リス①	そしてヘンゼルとグレーテルは、森の中をさまよい歩きました。	

第2幕 - 幕開く
（お菓子の家）

ヘンゼル	こっちかなあ・・・。
グレーテル	お兄ちゃん、私もうくたくた・・・。お腹も空いちゃったよ。
ヘンゼル	もう少し、頑張って！
ヘンゼル	あっ、あそこに家があるぞ！　行ってみよう！
グレーテル	なんだか、甘い匂いがするよ。
ヘンゼル	あっ、お菓子でできた家だ！
グレーテル	壁は、クッキーとビスケットでできているよ。
ヘンゼル	煙突はチョコレートだ。屋根にはクリームもかかっているぞ。
グレーテル	すご〜い！　夢みたい！

ヘンゼルとグレーテル、フラフラしながら上手から登場。

♪効果音　　CD63　喜びの音　　＜楽譜P.95＞

ヘンゼル	お菓子、ちょっと、いただこうか。
グレーテル	うん！
ヘンゼル、グレーテル	おいしいね！
リス②	2人が、お菓子の家のお菓子を食べていると、家の中からおばあさんが出て来ました。
おばあさん＜魔女＞	おやまあ、お前さんたちは、どこから来たのかい？
グレーテル	あっ、おばあさん！
ヘンゼル	お家に帰る途中で、道に迷っちゃったんです。
グレーテル	お腹が空いちゃったから、ついお菓子を・・・。
ヘンゼル、グレーテル	ごめんなさい！
おばあさん＜魔女＞	いいよ、いいよ。じゃあ、家の中にお入り。もっとおいしいものをごちそうするよ。
グレーテル	ほんと！？
ヘンゼル	ありがとうございます！
リス③	そうして、ヘンゼルとグレーテルは、おばあさんの家でごちそうをいただくことになりました。
おばあさん＜魔女＞	さあさあ、ここにお座りなさい。

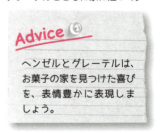

ヘンゼル、お菓子の家を指さしながら、グレーテルとともに家に近づく。

Advice
ヘンゼルとグレーテルは、お菓子の家を見つけた喜びを、表情豊かに表現しましょう。

ヘンゼルとグレーテル、お菓子の家をつまんで、食べる真似をする。

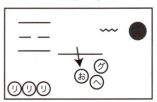

おばあさん、家のドアを開けて登場し、ヘンゼルたちに近づく。

ヘンゼルとグレーテル、両手を合わせてお辞儀をして謝る。

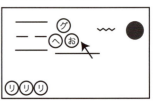

おばあさん、ヘンゼル、グレーテル、ドアから家の中に入る。

ヘンゼルとグレーテル、おばあさんに勧められて、いすに座る。

ヘンゼル	うわあ、すごいごちそう！
おばあさん＜魔女＞	さあさあ、好きなだけお食べ。
グレーテル	やったあ！
ヘンゼル、グレーテル	いただきまーす！
ヘンゼル	モグモグ・・・。
グレーテル	パクパク・・・。
ヘンゼル	おいしいね。
グレーテル	うん、おいしい！
おばあさん＜魔女＞	さあ、どんどん食べておくれ。
ヘンゼル	わあ、何をするんですか？
おばあさん＜魔女＞	お前たちを食べるんだよ。
ヘンゼル、グレーテル	えっ！？

♪効果音　　CD 64　**恐怖シーンの音**　　＜楽譜 P.95＞

リス①	親切そうにしていたおばあさんは、実は魔女だったのです。
リス②	ヘンゼルたちを食べるために、家の中に招き入れたのです。
リス③	魔女は、ヘンゼルたちをいすにしばりつけました。
グレーテル	放して！
ヘンゼル	お前は、もしかして魔女だな。
おばあさん＜魔女＞	そうさ。今度は、お前たちが、私のごちそうになる番だ。 イーヒッヒッ・・・。
おばあさん＜魔女＞	さあさあ、かまどに火をつけて、２人を焼く準備をするか。
グレーテル	お兄ちゃん、助けて！
ヘンゼル	もうちょっとだ・・・。
リス①	ヘンゼルは、必死にもがいて、しばられた縄を外そうとしました。
ヘンゼル	よし！　今、助けてあげるからな。
グレーテル	お兄ちゃん、ありがとう！
ヘンゼル	２人で、魔女をかまどに押し込もう！
グレーテル	うん！

ごちそうは、あらかじめテーブルの上に置いておく。

ヘンゼルとグレーテル、手を合わせて「いただきまーす！」と言い、夢中で食べる真似をする。

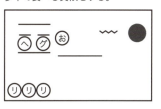

おばあさん、家の隅に置いてあったロープを取り出し、ヘンゼルとグレーテルをいすにしばりつける（マジックテープで留める）。

Advice
魔女は、それまでのおばあさんの優しい声から豹変して、魔女になりきって、低音で恐ろしい口調でセリフを言うとおもしろいでしょう。

おばあさん＜魔女＞、かまどに近づき、かまどのふたを開けて中をのぞいている。

グレーテル、しばられたままバタバタしながらセリフを言う。

ヘンゼル、両手を後ろに回して、もがきながらロープをほどく（マジックテープを外す）。

ヘンゼル、立ち上がってグレーテルのロープをほどき、２人でおばあさん＜魔女＞の背中を押して、かまどに押し込む。

ヘンゼル、グレーテル おばあさん＜魔女＞	えいっ！ うわあ、何をするんだ！？	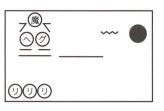
♪効果音	**CD 65　魔女をかまどに押し込む音**　＜楽譜P.95＞	
おばあさん＜魔女＞	ひえ～！　助けてくれ～！	ヘンゼルとグレーテル、かまどの ふたを閉める。
ヘンゼル ヘンゼル、グレーテル	かまどのふたを閉めるぞ。 えいっ！	
グレーテル	やったー！　助かった！	両手を上げて喜ぶヘンゼルとグレーテル。
リス②	2人がお菓子の家を飛び出すと、森の精たちがやって来ました。	ヘンゼルとグレーテル、家のドアから外に飛び出す。
森の精① ヘンゼル 森の精②	私たちが、あなたたちをお家まで送ってあげますよ。 あなたたちは？ 森で迷った人たちを助ける、森の精ですよ。	森の精たち、上手から登場し、ヘンゼルたちに近づく。 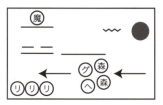
森の精① ヘンゼル、グレーテル	さあ、私たちにつかまって。 ありがとう！	
リス③	森の精たちはそう言うと、ヘンゼルたちを連れて、森の中を抜けて行きました。	ヘンゼルとグレーテル、森の精に手を握られながら、下手に下がる。

幕閉める

（幕　前）

森の精② 森の精①	この森を抜けたら、お家に着きますよ。 もうすぐですよ。	ヘンゼルとグレーテル、森の精に手を握られながら下手から登場し、上手に下がる。 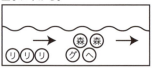

ヘンゼル、グレーテル	うん！
リス①	そうして、ヘンゼルたちは森の精に助けられて、無事に家に戻って行きました。

第3幕 - 幕開く
（ヘンゼルたちの家）

ヘンゼル	お父さ～ん！
グレーテル	お母さ～ん！
お父さん	ヘンゼル！
お母さん	グレーテル！
お父さん	森の出口を間違えて、お前たちを置いて来てしまって、ごめんよ。
お母さん	許しておくれ。
リス②	お父さんたちは、ヘンゼルたちが先に戻っていると思っていました。
リス③	でも、戻っていなかったので、とても心配していました。
リス①	みんな無事に戻って来れて、
リス②、③	よかったね！

お父さんとお母さんは、舞台中央の家のドアの外に立っている。
ヘンゼルとグレーテル、上手から登場し、お父さんたちに近づく。
お父さんたちは、ヘンゼルたちの手を取って、謝る。

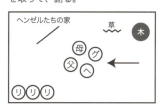

♪歌
（全員）

CD 58-59　ヘンゼルとグレーテル　＜楽譜P.94＞

ヘンゼルと　グレーテル
なかよし　きょうだい
ヘンゼルと　グレーテル
かわいい　きょうだい
おとうさんたちを　まっている
もりの　なかで　まっている
ふたりで　なかよく　まっている

全員が再登場し、舞台中央で整列して歌う。

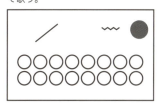

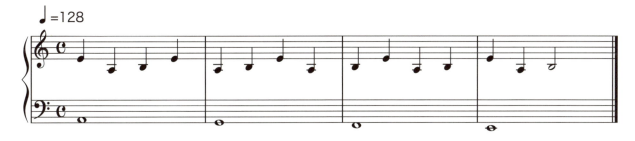

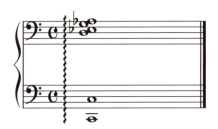

日本の昔話
まんじゅうこわい

【対象年齢】4〜5歳児　　CD tr.66-71

あらすじ

町に若者たちが集まり、みんなひとつずつ怖いものを言い合いました。ヘビが怖いと言う者、タヌキが怖いと言う者、クモが怖いと言う者、コウモリが怖いと言う者、アリが怖いと言う者…。

ところが、松ちゃんは「まんじゅうが怖い」と言うのです。「まんじゅうを思い出しただけで気持ち悪くなる」と言って、家に帰って寝込んでしまいました。それを聞いた他の若者たちは、みんなでいたずらをすることにしました。

いろいろなまんじゅうを買って来て、松ちゃんの枕元にこっそり置き、引き戸を閉めて、松ちゃんが気づくのを待ちました。すると、「うわあーっ、まんじゅうだ！怖いよう！」という松ちゃんの大きな声がしました。いたずらは大成功。みんな大笑いです。

ところが、引き戸の向こうから、「温泉まんじゅうは、一番怖い。薄皮まんじゅうも、怖い。モグモグ…」と聞こえてきます。様子がおかしいことに気づいた若者たちが、引き戸を開けると、そこには、おいしそうにまんじゅうを食べている松ちゃんの姿がありました。そして松ちゃんは、「今度は、熱くてうまーいお茶が怖い」と言いました。

キャスト

若者 - 男（8〜10人）
剣道着に紺のはかま。ぞうりをはく。

若者 - 女（8〜10人）
ストライプのゆかたにぞうりをはく。

松ちゃん（1人）
髪をひもで束ね、マユを太く描く。藍色のゆかたに紺のおび（下の方で結ぶ）。ぞうりをはく。

※若者（男・女）のうち3人は、ナレーター兼

準備するもの

●町並

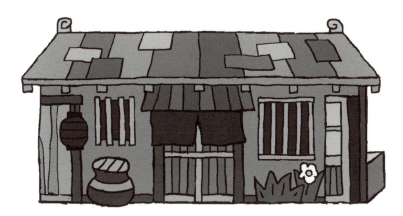

●引き戸

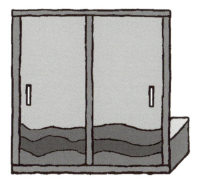

段ボール板で作り、色をつける。
段ボールか大きな積み木で支える。

引き戸は横に開けられるようにする。

●ござ　本物を使用。

●布団と枕　本物を使用。

●色々なまんじゅう
- 白い布
- 黄色のフェルト
- 綿を布でくるむ。
- 白い布
- 黄緑の布
- 茶の布
- うぐいす色の布
- 薄いピンクの布
- 薄い黄色の布

| 登場人物 | セリフ・歌・効果音など | 動き・アドバイスなど |

第1幕
（町）

（若者①〜③はナレーター兼）

若者①
若者②

若者③

今日は、町の中に若者がたくさん集まっています。
みんな、今日は仕事がお休みで暇だから、井戸端会議を
しているようですね。
何やら楽しそうに、ワイワイガヤガヤ話し合っているようですね。

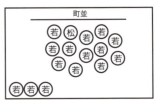

若者たちが、舞台中央に集まっている。

♪効果音

CD 68　ワイワイガヤガヤする音　＜楽譜 P.105＞

若者④
若者⑤

どうだ、みんなひとつずつ、嫌いな生き物を言い合わないか。
それはおもしろいね。

若者⑥
若者⑦
若者⑧
若者⑨

おれは何と言っても、ヘビが嫌いだね。
私も！　あのニョロニョロした姿を見るだけで、鳥肌が立つわ。
私は、タヌキが嫌い。
おれも！　タヌキは、お化けに化けて出てくるそうじゃないか。
そんな怖い、気味の悪い生き物は、嫌だね。

若者⑩
若者⑪
若者⑫
若者⑬

ぼくは、クモが嫌だね。あの姿は気持ち悪いよ。
私も！　クモのあのベタベタした糸も気持ち悪いよね。
私はコウモリが怖くて嫌い。
おれも！　あのベロベロした羽のようなものは、いったい何だ。
気持ち悪いったってありゃしない。

若者⑭
若者⑮

ぼくは、アリが嫌だね。
私も、私も！　アリがゾロゾロたくさんはっていると、ぞっとするわ。

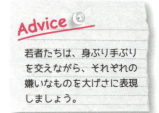

Advice
若者たちは、身ぶり手ぶりを交えながら、それぞれの嫌いなものを大げさに表現しましょう。

若者①

おやおや、みんな嫌いな生き物を言い合っているようですね。

| 若者② | おもしろそうだから、ぼくたちも仲間に入れてもらおうよ。 |
| 若者③ | そうしましょう！ |

若者①	やあ、皆さんお集まりで。
若者②、③	こんにちは！
若者④〜⑮	こんにちは！

若者①〜③、みんなのところに行く。

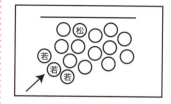

若者①	ぼくたちも、仲間に入れて！
若者④	もちろんだよ。
若者⑤	きみたちは、どんな生き物が嫌い？
若者②	ぼくは、何と言っても、毛虫が嫌いだね。
若者③	私も！ あの姿を見ただけで、気持ち悪くて「きゃあ〜！」って叫んじゃうわ。
若者①	ほんと、ほんと！ 体をくねらせて動く姿も、気持ち悪いね。

★劇あそびのコツ！

衣装は、できるだけ、子どもたちが「かっこいい」「おしゃれ」と思うものを作りましょう。そうすることで、人気のない配役でも、あの衣装が着たいから、あの役がやりたい、と子どもは思えることになるでしょう。

| 若者④ | なるほど。みんな、それぞれ嫌いな生き物があるもんだね。 |
| 若者⑤ | ところで、松ちゃんは、何が嫌いなんだい？ |

一同、松ちゃんを注目する。

| 松ちゃん | おれは、嫌いな生き物なんて、ないよ。
いい若者が、あれが嫌いだ、これが怖いって、おかしいじゃないか。 |

若者⑥	へえ〜、松ちゃんは、ヘビやお化けタヌキは怖くないのかい？
松ちゃん	あたり前だよ！ ヘビなんてものは、頭が痛いときに、頭に巻いておけばいいんだよ。冷たくって気持ちがいいや。
若者①〜⑮	なるほど〜！

| 松ちゃん | タヌキが化けるってか？ 化けて出てきたら、ご飯を作らせたり、洗濯や掃除をさせればいいじゃないか。 |
| 若者①〜⑮ | ははあ〜。 |

Advice

松ちゃんは、偉そうに得意気にセリフを言い、みんなは松ちゃんをじっと見て、松ちゃんの言うことを感心して聞くような表情をするとおもしろいでしょう。

| 松ちゃん | クモは、糸を出させて納豆に混ぜれば、粘りが増すわい。 |
| 若者①〜⑮ | そうか〜。 |

| 松ちゃん | コウモリなんか、何匹かつかまえて、羽をひろげてしばって傘にしちゃうね。 |
| 若者①〜⑮ | おもしろい！ |

| 松ちゃん | アリは、まとめてつかまえて、ゴマのようにご飯にパラパラかけて食べちゃうね。プチプチして、きっとうまいよ。 |

若者①〜⑮	フーム・・・。
松ちゃん	毛虫は、割りばしに結びつけて、歯ブラシの替わりにすればいいさ。
若者①〜⑮	恐れ入りました！
若者⑦	松ちゃんは、怖い物知らずなんだね。
若者⑧	すごいね！
若者②	松ちゃんの話を聞いたところで、ぼくたちはそろそろ失礼するね。
若者⑨	うん、じゃあ、またね。
若者③	またね！
松ちゃん	おっと、いけない・・・。
若者④〜⑮	どうしたの？
松ちゃん	いや・・・、その・・・、ちょっと怖いものを思い出しちゃった。

★劇あそびのコツ！

キャストによって、登場回数の多少や、セリフの多少があっても、出演者全員の演技があって、ひとつの作品になることを子どもたちに伝えてあげると、劇あそびへの意欲が高まるでしょう。

若者①〜③、舞台左手前に戻る。

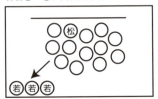

♪効果音

CD 69 怖がる音 ＜楽譜P.105＞

若者⑩	何だい、それは？
松ちゃん	怖くて、言えないよ。
若者⑪	松ちゃんがそこまで怖がる生き物って、なあに？
松ちゃん	それはね・・・。いいか、一度しか言わないよ。
若者⑫	うん、わかった。で、怖い生き物って、何？
松ちゃん	ま、まんじゅう・・・。
若者④〜⑮	はあ？
若者⑬	「まんじゅう」っていう生き物がいるのかい？
松ちゃん	いやいや、生き物じゃなくて、あの食べ物のまんじゅうだよ。
若者⑭	食べ物のまんじゅうって、あんこが入っている、あのまんじゅうのこと？
松ちゃん	ああ、そうだよ。
若者⑮	松ちゃんは、あのまんじゅうが怖いの？
松ちゃん	ああ、思い出しただけで、気分が悪くなってきた。もう、気が遠くなりそうだ。家に帰って寝るよ。

Advice

松ちゃんは、偉そうに得意気にしゃべっていた様子から一転して、わざと怖がっている様子を表情豊かに表現しましょう。

若者①	松ちゃんは、そう言うと、家に帰って行きました。
若者④	松ちゃんの嫌いなものが、まんじゅうだったとはね。
若者⑤	松ちゃんはいつもちょっと生意気だから、まんじゅうをたくさん集めて、持って行って、怖がらせようよ。

松ちゃん、怖がりながら下手に下がる。

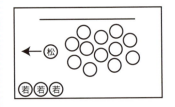

| 若者⑥ | それはおもしろいね！ |

♪歌
(若者④〜⑮)

まんじゅうこわい ＜楽譜P.104＞

このよで　いちばん　こわいもの
それは　まんじゅう　まるまる　まんじゅう
まんじゅう　あつめて　まっちゃんを
こわがらせよう　こわがらせよう
まんじゅう　こわい　まんじゅう　こわい

若者たち、バラバラに立って歌う。

歌い終わったら、若者④〜⑮は下手に下がる。

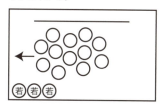

| 若者② | みんなは、手分けしてまんじゅう屋さんや和菓子屋さんをまわって、いろいろなまんじゅうを買い集めることにしました。 |

幕閉める
(幕　前)

若者⑦	私は、温泉まんじゅうを買おうっと。
若者⑧	私は、薄皮まんじゅうを探そう。
若者⑨	おれは、栗まんじゅうだ。
若者⑩	ぼくは、そばまんじゅうを買うぞ。
若者⑪	私は、酒まんじゅう。
若者⑫	私は、よもぎまんじゅう。
若者⑬	おれは、紅白まんじゅうだ。
若者⑭	ぼくは、肉まんじゅう。
若者⑮	私は、揚げまんじゅうにしようっと。
若者③	へえ〜、まんじゅうにも、いろいろな種類があるもんですね。

若者④〜⑮、楽しそうに下手から登場し、上手に下がる。

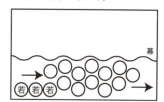

第2幕 - 幕開く
（松ちゃんの家）

若者①	そして、みんなは、たくさんのまんじゅうを持って、松ちゃんの家にやって来ました。
若者④ 松ちゃん 若者⑤ 若者⑥	松ちゃん、具合はどうだい？ う、うん・・・、あんまり気分がよくないよ。 そうかい。じゃあ、お見舞いの品を持って来たから、置いて行くよ。 よかったら、食べてね。
若者② 若者③	そう言うと、買って来たまんじゅうを松ちゃんの枕元に置きました。 すると・・・。
♪効果音	**CD 70　びっくりする音**　　＜楽譜 P.105＞
松ちゃん	うわあーっ、まっ、まんじゅうだー！ 何てひどいことをするんだ！　怖いよう！
若者⑦ 若者④〜⑮	松ちゃん、怖がってる、怖がってる。 ワ〜ッハッハ・・・。
松ちゃん	まんじゅう、怖い。怖いよう・・・。
若者⑧ 若者⑨	作戦、大成功！ いいぞ、いいぞ！
松ちゃん	温泉まんじゅうは、一番怖い。モグモグ・・・。 薄皮まんじゅうも、怖い。モグモグ・・・。 栗まんじゅうも、うまい、いや、怖い。モグモグモグ・・・。

若者④〜⑮、いろいろなまんじゅうを持って、上手から登場し、松ちゃんの家の引き戸に近づく。
松ちゃんは、家の布団で横を向いて寝ている真似をする。

若者たち、引き戸を開け、持って来たまんじゅうを松ちゃんの枕元に置き、家から出る。引き戸に耳をあてて、中の様子を伺う。

Advice
松ちゃんは、わざと大げさに怖がりましょう。

若者たち、お腹を抱えて笑う真似をする。

松ちゃん、布団から起き上がって、まんじゅうを次々に食べる真似をしながら、セリフを言う。

若者⑩ 若者⑪	あれっ、怖がってると思ったけど、何か様子がおかしくないか？ モグモグ、食べているみたい。ちょっと、のぞいてみましょう。
若者①	そして、松ちゃんの様子をのぞいてみると、なんと、みんなが買って来たまんじゅうを、おいしそうに食べていました。
若者⑫ 若者⑬	松ちゃん！　まんじゅうが怖いなんて、嘘だったのね！ おれたちをだましやがって！

若者④〜⑮、こっそり引き戸を開けて松ちゃんの様子を見る。

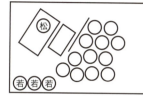

♪効果音	**CD 71　衝撃の音**　　＜楽譜P.105＞
若者⑭	ひどいじゃないか！
松ちゃん	ワッハッハ・・・。みんな、まんまとだまされたね。 おいしいまんじゅうをこんなにたくさん、ごちそうさん。
若者④〜⑮	やられた〜！
若者⑮ 松ちゃん	じゃあ、松ちゃんの本当に怖いものって、一体何なの？ うーん・・・、今度は、熱くてうまーいお茶が怖い。
若者④〜⑮	あきれた！
若者②	どうやら、松ちゃんは本当はまんじゅうが大好きだったようですね。
若者③	そして、まんじゅうをたくさん食べた後は、おいしいお茶が欲しくなったんですね。
若者①〜③	やれやれ。

Advice

若者④〜⑮は、全身で怒りを表現し、松ちゃんは大げさに笑って、勝ち誇ったようにセリフを言うとおもしろいでしょう。

★劇あそびのコツ！

保護者の方へは、事前にクラス通信などで、劇あそびのお話のストーリーや、劇あそびの見どころなどについて、知らせておくといいでしょう。そうすることで、親御さんは、知らないお話でも、より興味を持って、安心して見ることができるでしょう。

♪歌 （全員）	**CD 66-67　まんじゅうこわい**　　＜楽譜P.104＞ このよで　いちばん　こわいもの それは　まんじゅう　まるまる　まんじゅう まんじゅう　あつめて　まっちゃんを こわがらせよう　こわがらせよう まんじゅう　こわい　まんじゅう　こわい

全員が舞台中央で整列して歌う。

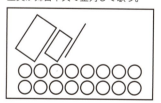

tr.68 ワイワイガヤガヤする音

tr.69 怖がる音

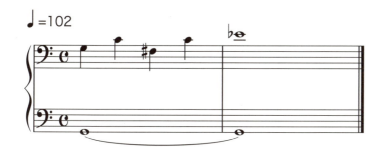

tr.70 びっくりする音

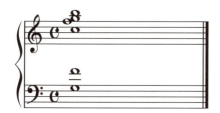

tr.71 衝撃の音

イギリスの昔話
3匹の子ブタ

【対象年齢】4〜5歳児　　CD tr.72-80

あらすじ

3匹の子ブタの兄弟、ブータ、ブースケ、ブーキチは、お母さんの言いつけで、それぞれの家を作ることになりました。そこでブータはわらの家、ブースケは木の家、ブーキチはレンガの家を作ることに。森の動物たちも手伝って、それぞれの家は完成します。

ところが、みんながそれぞれの家で休んでいると、恐ろしいオオカミたちがやって来て、「一緒に遊ぼう」と言って、わらの家のドアをたたきます。でも、ブータたちがドアを開けないでいると、オオカミたちは、怒って家を吹き飛ばしてしまいました。次に、木の家にもやって来て、同様に吹き飛ばしてしまいます。

最後に、レンガの家にやって来て、家を吹き飛ばそうとします。でも、何度息を吹きかけても、レンガの家はびくともしません。オオカミたちは、仕方なく煙突から家の中へ入り込もうとしました。ところが、煙突の下の暖炉では火をたいていたので、さあ大変！暖炉の火の中に落ちたオオカミたちは、どこかに逃げて行ってしまいました。

キャスト

子ブタ（3人）
（ブータ・ブースケ・ブーキチ）
カチューシャに肌色のフェルトで作ったブタの耳をつける。フェルトでブタの鼻を作り、ひもをつけて耳にかける。赤いTシャツと紺のズボン（3匹で色を変える）。

お母さんブタ（1人）
子ブタと同様に耳と鼻をつける。白いTシャツとスカートに長めのエプロン。

ウサギ（2〜3人）
カチューシャに白いフェルトの耳（中はピンク）をつける。白いTシャツに、ピンクのボア生地のベストと白いパンツとしっぽ。白いタイツ。

準備するもの

●木

●草

●レンガの家

段ボール板で作り、色をつける。段ボールか大きな積み木で支える。
レンガの家の後ろには、踏み台を置いておく。

●わらの家

●木の家

段ボール板で作り、色をつける。
ホワイトボードにつける。

●わら

束ねて丸めた新聞紙を模造紙で包み、模様を描く。ひもでしばる。

●木の棒

新聞紙を丸めて紙で巻き、模様を描く。

●レンガ

発泡スチロールのレンガを使用。

●踏み台

本物を使用。

キツネ（2〜3人）
キツネのお面に茶のＴシャツとパンツ。茶のニットの綿を詰めたしっぽに、茶のタイツ。

タヌキ（2〜3人）
タヌキのお面に薄茶のＴシャツとパンツ。胸とお腹の部分には白い布を貼る。薄茶のタイツに、フェルト地に綿を詰めたしっぽ。しっぽの先はこげ茶に。

オオカミ（3人）
不織布に板目紙を入れて作ったオオカミの帽子。こげ茶のＴシャツとパンツ。えり元にはもこもこ系のネックウォーマー。茶の手袋に爪をつける。茶のタイツに、不織布に綿を詰めたしっぽ。

リス兼ナレーター（3人）
茶の不織布で作ったリスの帽子。縦じまはこげ茶に。茶のＴシャツに、茶の綿のベストとパンツ。こげ茶のタイツ。

| 登場人物 | セリフ・歌・効果音など | 動き・アドバイスなど |

第1幕
（森の中）

（リス①～③はナレーター兼）

リス① リス② リス③	森の中に、3匹の子ブタとお母さんブタがいました。 3匹の子ブタの名前は、ブータ、ブースケ、ブーキチ。 何やら、お母さんと話をしているみたいですね。	子ブタたち、お母さんブタが舞台中央に立っている。 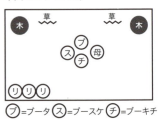 ブ＝ブータ ス＝ブースケ チ＝ブーキチ
お母さんブタ	ブータ、ブースケ、ブーキチ、お母さんの話をよく聞いてちょうだいね。	
ブータ	うん。	
ブースケ、ブーキチ	どんなお話？	
お母さんブタ	お前たちはもう大きくなったんだから、これからは、自分でお家を作って、それぞれのお家で暮らしなさいね。	
ブータ	えーっ！？	
ブースケ	自分でお家を作るの！？	
ブーキチ	どんなお家を作ったらいいの？	
お母さんブタ	どんなお家でもいいのよ。自分の作りたい家を作りなさい。	
リス①	お母さんブタは、そう言うと、家に帰って行きました。	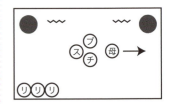 お母さんブタ、上手に下がる。
ブータ	自分のお家か・・・。	
ブースケ	どんな家にしようかな・・・。	
ブーキチ	そうだな・・・。	
子ブタ全員	うーん・・・。	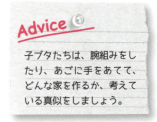子ブタたちは、腕組みをしたり、あごに手をあてて、どんな家を作るか、考えている真似をしましょう。
♪効果音	CD14 **ひらめきの音** ＜楽譜 P.118＞	
ブータ	よーし、決めた！ ぼくは、わらの家を作るぞ！ わらのお家は、きっと冬でも暖かいだろうな。	

ブースケ	ぼくは、木の家を作るよ！ 木のお家は、木のいい匂いがするし、きっと夏でも涼しいだろうな。
ブーキチ	じゃあ、ぼくはレンガの家を作ろうっと！ レンガのお家は、きっと丈夫で長持ちするだろうな。
リス②	3匹の子ブタたちは、それぞれ作る家を決めたようですね。
リス③	そこへ、森の動物たちがやって来ました。
ウサギ①	子ブタさんたち、こんにちは！
ブータ	あっ、ウサギさんにキツネさんに、タヌキさんたち。
子ブタ全員	こんにちは！
ウサギ②	何か楽しそうにお話してたけど、どんなお話をしてたの？
ブータ	あのね、
ブースケ	ぼくたち、
ブーキチ	自分たちのお家を作ることになったんだ。
キツネ①	へえ〜、それは楽しそうだね。
キツネ②	それで、どんなお家を作るの？
ブータ	あのね、ぼくは、わらの家を作るんだ。暖かいわらのお家！
ブースケ	ぼくは、木の家を作るよ。木のいい匂いがして、涼しいお家！
ブーキチ	ぼくは、レンガの家を作ろうと思うんだ。丈夫で長持ちするレンガのお家をね。
タヌキ①	みんな、違うお家なんだね。
タヌキ②	どのお家も、とってもよさそうだね。
ウサギ①	ねえねえ、じゃあ私たちも、お家を作るのを手伝わない？
ウサギ②	そうね、みんなで作ったら楽しいでしょうね。
ウサギ全員	うんうん！
キツネ全員	じゃあ、そうしよう！
タヌキ全員	そうしよう！
ウサギ①	じゃあ、分担を決めましょうよ。
ウサギ②	私たちは、わらの家を作るのを手伝うわ。
キツネ①	じゃあ、ぼくたちは木の家を手伝うよ。
キツネ②	うん、そうしよう。
タヌキ①	じゃあ、ぼくたちはレンガの家を手伝うよ。
タヌキ②	そうだね。
ブータ	それはとっても助かるよ。
ブースケ	ほんと、ほんと！
ブーキチ	みんな、ありがとう！

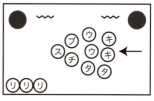

ウサギ、キツネ、タヌキたち、上手から登場し、子ブタたちに近づく。

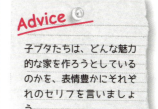

Advice
子ブタたちは、どんな魅力的な家を作ろうとしているのかを、表情豊かにそれぞれのセリフを言いましょう。

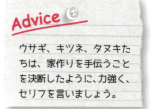

Advice
ウサギ、キツネ、タヌキたちは、家作りを手伝うことを決断したように、力強く、セリフを言いましょう。

♪歌 (子ブタ、ウサギ、キツネ、タヌキ全員)	**CD 72-73　お家をつくろう**　　＜楽譜 P.117＞ みんなで　つくろうよ ちからを　あわせて わらの　おうちに　きの　おうち レンガの　おうちも　つくろうよ みんなで　つくろうよ すてきな　おうちを	子ブタ、ウサギ、キツネ、タヌキたち、舞台中央にバラバラに立って歌う。
リス①	そうして、みんなで力を合わせて、それぞれの家を作ることになりました。	
リス②	ねえねえ、私たちも、お家を作るの手伝いに行かない？	
リス③	そうね、そうしましょう！	
リス全員	こんにちは！　私たちも、手伝うわ。	リスたち、子ブタたちのところに行く。
ブータ	やあ、リスさんたち。こんにちは！	
ブースケ	それは助かるよ。	
ブーキチ	ありがとう！	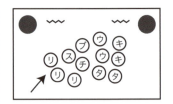
リス①	私は、わらの家を手伝うわ。	
リス②	私は、木の家！	
リス③	私は、レンガの家を手伝うわ。	
ブータ	じゃあ、ぼくたちは、わらを探しに行こう！	
ウサギ全員、リス①	そうしましょう！	
ブースケ	ぼくたちは、木を集めに行こう！	
キツネ全員、リス②	そうしよう！	
ブーキチ	ぼくたちは、町へ行って、いらないレンガをもらって来よう！	子ブタ、ウサギ、キツネ、タヌキ、リスたち、元気よく下手に下がる。
タヌキ全員、リス③	もらって来よう！	
♪効果音	**CD 75　元気よく材料を集めに行く音**　　＜楽譜 P.117＞	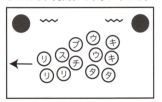
ブータ	わらを集めたぞ。	
ウサギ全員、リス①	よいしょ、よいしょ・・・。	
ブータ	よーし、もっとたくさんわらを集めるぞ！	ブータ、ウサギたち、リス①、わらを持って下手から登場し、舞台右方面にわらを置き、セリフを言ったら再び下手に下がる。
ウサギ全員、リス①	イエーッ！	
ブータ	アッハッハ、「家」だけに、イエーッか・・・。	

ブースケ キツネ全員、リス②	木は、けっこう重いね。 よいしょ、よいしょ・・・。
ブースケ キツネ全員、リス②	よーし、もっとたくさん木を集めるぞ！ 集めるぞ！
ブーキチ タヌキ全員、リス③	レンガをもらって来たぞ。 よいしょ、よいしょ・・・。
ブーキチ タヌキ全員、リス③ ブーキチ	よーし、もっとたくさんレンガをもらいに行くぞ！ イエス！ 「ハウス」じゃなくて、「イエス」か・・・。

ブースケ、キツネたち、リス②、木を持って下手から登場し、舞台中央に木を置き、セリフを言ったら再び下手に下がる。

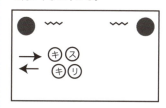

ブーキチ、タヌキたち、リス③、レンガを持って下手から登場し、舞台左方面にレンガを置き、セリフを言ったら再び下手に下がる。

幕閉める
（幕　前）

リス① リス②	そうして、みんなで力を合わせて材料を集めて、家を作りました。 どんな家ができ上がるのか、楽しみですね！
リス③	あれあれ、そんなところへ、恐ろしいオオカミがやって来たようですね。

リスたち、下手から舞台左手前に戻り、続いて、オオカミたちが下手から登場。

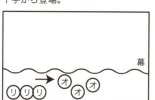

♪効果音　　CD 76　オオカミたちが現れる音　＜楽譜P.118＞

オオカミ① オオカミ② オオカミ③	何だか、腹が減ったな。 もう３日も、何も食ってないからな。 何か食べるものがないかな。
オオカミ① オオカミ② オオカミ③	くんくん、何かにおうぞ。 くんくん、うまそうなにおいだな。 くんくん、これは子ブタやウサギのにおいだな。

Advice
オオカミたちは、低い声で、悪びれた様子でセリフを言いましょう。

オオカミ①	あっちの方からにおってくるぞ。
オオカミ②	ようし、じゃあ行ってみようぜ！
オオカミ①、③	オー！
リス①	オオカミたち、子ブタたちのいる場所をかぎつけたようですね。
リス②	大丈夫かな・・・。
リス③	心配ですね・・・。

オオカミ①、上手方向を指さす。

オオカミたち、上手に下がる。

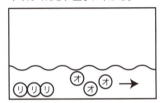

第2幕 - 幕開く
（家の前）

リス①	子ブタたちは、といえば、ついに家が完成しました！
リス②	わらの家に木の家、そしてレンガの家。
リス③	どの家も、ステキですね！
ブータ	わらの家は、簡単にできたね！
ウサギ全員	うん、うん！
ブースケ	木の家も、わりと簡単にできたよね！
キツネ全員	ほんと、ほんと！
ブーキチ	レンガの家は、作るのけっこう大変だったね！
タヌキ①	本当にね！
タヌキ②	でも、立派なお家になったね！
リス①	わらの家と木の家は簡単にでき上がったようです。
リス②	レンガの家だけは、作るのが大変だったみたいですね。
リス③	でも、家が完成して、みんなとっても嬉しそうですね。
ブータ	じゃあ、お家に入って、休もう！

ブータ、ウサギたちは、わらの家の前に、ブースケ、キツネたちは、木の家の前に、ブーキチ、タヌキたちは、レンガの家の前に立っている。オオカミたちは、木の陰からその様子を見ている。

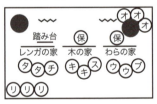

※わらの家、木の家の後ろに、ひとりずつ保育者が待機している。

子ブタ、ウサギ、キツネ、タヌキたち、それぞれの家の後ろに移動する。

リス①	ところが、木の陰から、オオカミたちがその様子をじっと見ていました。
オオカミ①	もうすぐ、ごちそうにありつけるぞ。
オオカミ②	子ブタたち、新しい家を作ったみたいだから、ちょっとお邪魔しようか。
オオカミ③	トントン、ぼくたちはオオカミ。ねえ、みんなで遊ぼうよ。
オオカミ①	ドアを開けてよ。
ブータ	あっ、オオカミだ！
ウサギ①	ドアを開けたら、きっと私たち食べられちゃうわ。
ウサギ②	そうよそうよ！
ブータ	開けるもんか！
オオカミ②	そんなこと言わないでよ。
オオカミ③	何もしないから、開けてよ。
ブータ、ウサギ全員	ダーメ！
オオカミ①	お願いだから、開けてよ。
ブータ、ウサギ全員	ダメったら、ダメ！
オオカミ②	ちぇっ！
オオカミ③	開けてくれないんなら、こんな家、吹き飛ばしてやる！
オオカミ全員	せーの！　フー！！
♪効果音	**CD 17　オオカミたちが息を吹きかける音**　〈楽譜 P.118〉
リス②	すると、わらの家は簡単に吹き飛ばされてしまいました。
♪効果音	**CD 18　衝撃の音**　〈楽譜 P.118〉
ブータ、ウサギ全員	キャー！　助けてー！
リス③	ブータたちは、どこかに逃げて行きました。
オオカミ全員	ワーッハッハッ！　大成功！
オオカミ①	今度は、木の家だな。
オオカミ②	じゃあ、ちょっとお邪魔しようか。
オオカミ③	トントン、ぼくたちはオオカミ。ねえ、みんなで遊ぼうよ。
オオカミ①	ドアを開けてよ。

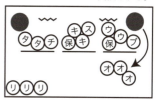

オオカミたち、わらの家のところに来て、ドアをたたく真似をする。

ブータ、ウサギたち、わらの家の後ろからセリフを言う。

ブータ、ウサギたち、強い口調でセリフを言う。

オオカミたち、わらの家に向かって、思いきり息を吹きかける真似をする。

わらの家の後ろで待機していた保育者が、後ろからホワイトボードを動かして、わらの家を動かし、下手に下げる。

ブータ、ウサギたち、慌てた様子で、走りながら下手に下がる。

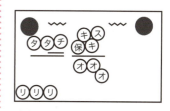

オオカミたち、木の家のところに来て、ドアをたたく真似をする。

ブースケ	あっ、オオカミだ！	ブースケ、キツネたち、木の家の後ろからセリフを言う。
キツネ①	ドアを開けたら、きっとぼくたち食べられちゃうよ。	
キツネ②	そうだそうだ！	
ブースケ	開けるもんか！	
オオカミ②	そんなこと言わないでよ。	
オオカミ③	何もしないから、開けてよ。	
ブースケ、キツネ全員	ダメ！	
オオカミ①	お願いだから、開けてよ。	ブースケ、キツネたち、強い口調でセリフを言う。
ブースケ、キツネ全員	ダメったら、ダメ！	
オオカミ②	ちぇっ！	
オオカミ③	開けてくれないんなら、こんな家、吹き飛ばしてやる！	
オオカミ全員	せーの！　フー！！	オオカミたち、木の家に向かって、思いきり息を吹きかける真似をする。

♪効果音　**CD 77　オオカミたちが息を吹きかける音**　＜楽譜P.118＞

リス①	すると、木の家も簡単に吹き飛ばされてしまいました。	木の家の後ろで待機していた保育者が、後ろからホワイトボードを動かして、木の家を動かし、下手に下げる。

♪効果音　**CD 78　衝撃の音**　＜楽譜P.118＞

ブースケ、キツネ全員	キャー！　助けてー！	
リス②	ブースケたちは、どこかに逃げて行きました。	ブースケ、キツネたち、慌てた様子で、走りながら下手に下がる。
オオカミ全員	ワーッハッハッ！　大成功！	
オオカミ①	今度は、レンガの家だな。	
オオカミ②	じゃあ、ちょっとお邪魔しようか。	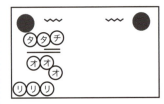
オオカミ③	トントン、ぼくたちはオオカミ。ねえ、みんなで遊ぼうよ。	
オオカミ①	ドアを開けてよ。	オオカミたち、レンガの家のところに来て、ドアをたたく真似をする。
ブーキチ	あっ、オオカミだ！	ブーキチ、タヌキたち、レンガの家の後ろからセリフを言う。
タヌキ①	ドアを開けたら、きっとぼくたち食べられちゃうよ。	
タヌキ②	そうだそうだ！	
ブーキチ	開けるもんか！	
オオカミ②	そんなこと言わないでよ。	
オオカミ③	何もしないから、開けてよ。	
ブーキチ、タヌキ全員	ダメ！	
オオカミ①	お願いだから、開けてよ。	
ブーキチ、タヌキ全員	ダメったら、ダメ！	ブーキチ、タヌキたち、強い口調でセリフを言う。

オオカミ② オオカミ③ オオカミ全員	ちぇっ！ 開けてくれないんなら、こんな家、吹き飛ばしてやる！ せーの！　フー！！
♪効果音	**CD 77　オオカミたちが息を吹きかける音**　＜楽譜P.118＞

オオカミたち、レンガの家に向かって、思いきり息を吹きかける真似をする。

リス③	でも、レンガの家は、びくともしません。
オオカミ① オオカミ② オオカミ③	あれ、おかしいな・・・。 吹き飛ばないぞ。 じゃあ、もう一度・・・。
オオカミ全員	フー！！
♪効果音	**CD 77　オオカミたちが息を吹きかける音**　＜楽譜P.118＞

オオカミたち、再度、息を吹きかける真似をする。

リス①	でも、やっぱりレンガの家は、びくともしません。
オオカミ① オオカミ② オオカミ③	おかしいな・・・。 仕方ない、じゃあ煙突から家に入り込もうぜ。 よし、そうしよう！
リス② リス③	オオカミたちは、煙突から家に入ることにしました。 ところが、ブーキチたちは、煙突の下の暖炉で、火をたいていたから、さあ大変！

オオカミたち、レンガの家の後ろの踏み台に乗り、煙突から家に入る真似をする。

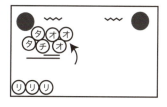

♪効果音	**CD 79　オオカミたちが暖炉に落ちる音**　＜楽譜P.118＞
オオカミ① オオカミ② オオカミ③	あちちちち・・・。 うわあ、しっぽに火がついた！ こりゃあ、かなわん！
オオカミ全員	ひえ～！

オオカミたち、おしりに手をあてながら、慌てた様子で上手に下がる。

♪効果音	**CD 80　オオカミたちが逃げて行く音**　＜楽譜P.118＞
リス①	暖炉の火の中に落ちたオオカミたちは、どこかに逃げて行きました。

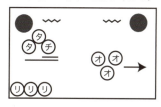

ブーキチ タヌキ全員	オオカミたち、逃げて行ったぞ。 やったー！
リス②	それからというもの、オオカミたちは懲りて、二度と子ブタたちのところへやって来ませんでした。
リス③	しばらくすると、ブータやブースケたちが戻って来ました。
ブータ ブーキチ ブースケ	オオカミたちは？ 逃げて行ったよ。 わらの家も木の家も吹き飛ばされちゃったけど、レンガの家は、吹き飛ばされなかったんだね。
ブーキチ ブータ、ブースケ	うん。 すごいね！
リス①	簡単にでき上がったわらの家と木の家は、オオカミに吹き飛ばされてしまいましたが、作るのが大変だったレンガの家は、丈夫にできていたので、吹き飛ばされなかったんですね。
リス②	それからというもの、みんなでレンガの家で楽しく暮らしました。
♪歌 （子ブタ、ウサギ、キツネ、タヌキ全員）	**お家をつくろう**　＜楽譜 P.117＞ CD 72-73 みんなで つくろうよ ちからを あわせて わらの おうちに きの おうち レンガの おうちも つくろうよ みんなで つくろうよ すてきな おうちを
リス③	これで、「３匹の子ブタ」のお話は、おしまい。

ブーキチ、タヌキたち、レンガの家の後ろから表に出て、両手を上げて喜ぶ。

ブータ、ブースケ、ウサギ、キツネたち、下手から登場し、ブーキチたちのところへ行く。

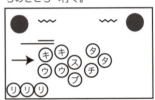

子ブタ、ウサギ、キツネ、タヌキたち、バラバラに立って歌う。

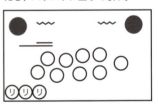

お家をつくろう
作詞／作曲：井上明美

tr.72：歌入り
tr.73：カラオケ

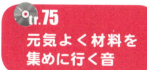

tr.75
元気よく材料を
集めに行く音

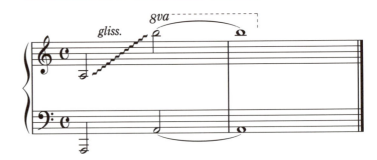

グリム童話
白雪姫

【対象年齢】4～5歳児　CD tr.81-87

あらすじ

ある国のお城に、かわいい女の子が生まれました。名前は白雪姫。でも、白雪姫が小さいときにお母さんが亡くなったので、新しいおきさきがやって来ました。おきさきは不思議な鏡を持っていて、鏡に向かって、「この世で一番美しいのは誰?」と尋ねては、「それはおきさき様です」という鏡の返事に満足していました。

ところが、白雪姫が大きくなると、その応えが「それは、白雪姫です」に変わったのです。怒ったおきさきは、白雪姫を殺すように家来に言いつけました。

でも、家来たちは、そんなことはできず、白雪姫を森の中に逃がしてやりました。森の中で白雪姫は、小人たちの家を見つけ、そこで小人たちと一緒に暮らすことに。ところが、それを知ったおきさきは、りんご売りのおばあさんに扮装して森に入り、白雪姫に毒りんごを食べさせて、殺してしまったのです。

小人たちが白雪姫の死を悲しんでいると、そこに隣の国の王子様が通りかかりました。そして、白雪姫の美しさに驚いた王子様が、ふいに白雪姫のほおを触ると、なんと白雪姫が生き返ったのです。それからというもの、王子様と結婚していつまでも幸せに暮らしました。

キャスト

白雪姫（1人）
赤いリボンのカチューシャ。青のブラウスに白い大きな襟を立てる。黄色のサテンのロングスカートにエナメルのくつ。

＜おきさき＞
おきさき兼おばあさん（1人）
光る髪飾り。フリルの多いブラウスに大きめのネックレス。黒いサテンのロングスカートにエナメルのくつ。

＜おばあさん＞
グレーのスカーフにグレーのカーディガン。黒いサテンのロングスカートに革靴。手にはりんごを入れた手さげかごを持つ。

家来（2人）
青いフェルトの帽子。青いTシャツに金のボタン。紺のブルマーに紺のタイツ。黒のブーツ。

※キャストの続き、次ページへ→

準備するもの

● 柱

● 鏡

ミラーシートを貼る。

● 草

● 木

段ボール板で作り、色をつける。
段ボールか大きな積み木で支える。

● 小人の家

● お城の窓

板目紙に描く。舞台背景につける。

● きのこ

茶や赤、黄色のフェルトに綿を詰めて作る。

● りんご

本物を使用。

● かご

本物を使用。

● 手さげかご

本物を使用。

小人（7人）
長めのニット帽。長めの紫のシャツに黒いベルト。グレーのパンツに黒のショートブーツ。

リス（2～4人）
不織布で作ったリスの帽子。縦じまはこげ茶に。茶のTシャツに、茶の綿のベストとパンツ。茶のタイツ。

王子様（1人）
水色の帽子に白い羽をつける。白いシャツに、水色の長めのベストと黒いベルト。レンガ色のマントに、水色のパンツ。グレーのブーツ。

小鳥兼ナレーター（3人）
不織布で作った小鳥の帽子。目は緑色。薄茶のTシャツに、カーキ色のベストとパンツ。茶のタイツ。

| 登場人物 | セリフ・歌・効果音など | 動き・アドバイスなど |

第1幕
（お城の中）

（小鳥①〜③はナレーター兼）

小鳥①	私たちは、小鳥の仲よし兄弟。	おきさき、上手から登場。
小鳥②	いつも、空を自由に飛び回って、いろんな様子を見ているの。	
小鳥③	ある国のお城で、あるとき、かわいい女の子が生まれました。	
小鳥①	女の子は雪のように真っ白だったので、白雪姫と名づけられました。	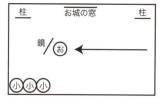
小鳥②	でも、白雪姫が小さいときに、お母さんが亡くなったので、新しいおきさき様がやって来たのです。	
小鳥③	おきさき様は、不思議な鏡を持っていました。	
おきさき	鏡よ鏡、この世で一番美しいのはだあれ？	おきさき、鏡に向かってセリフを言う。
小鳥①	すると、鏡が応えました。	
鏡	（それは、おきさき様です。）	このセリフは、保育者が事前に録音しておいたものを流す。
おきさき	そうでしょうとも。私はこの世で一番美しいのよ。アッハッハッ・・・。	おきさき、笑いながら上手に下がる。 **Advice** おきさきは、思いきり下品に笑うとおもしろいでしょう。
小鳥②	おきさき様は、いつも鏡に向かってそう尋ねては、満足していたのでした。	
小鳥③	年月が経ち、やがて白雪姫はとても美しい娘に育ちました。	
白雪姫	今日はとってもいいお天気だわ。ちょっとお庭をお散歩してきましょう。	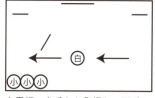 白雪姫、上手から登場し、下手に下がる。

役	セリフ・ナレーション
小鳥①	ある日のこと、おきさき様が、また鏡に尋ねました。
おきさき	鏡よ鏡、この世で一番美しいのはだあれ？
鏡	（それは、白雪姫です。）
おきさき	なっ、何ですって！？　この私よりも、白雪姫の方が美しいですって！？

おきさき、上手から登場し、鏡に向かってセリフを言う。

このセリフは、保育者が事前に録音しておいたものを流す。

♪効果音 衝撃の音　＜楽譜 P.129＞

おきさき	ふざけないでちょうだい！　そんなこと、絶対に許さないわよ！白雪姫を、何とかしなくちゃ！

Advice
おきさきは、声を張り上げて、怒っている様子を大げさに表現しましょう。

小鳥②	おきさき様は、とても怒りました。
小鳥③	そして、あることを考えたのです。
おきさき	家来たちよ、ちょっと来てちょうだい。
家来①	お呼びでしょうか、おきさき様。
おきさき	お前たちに、命令だ。白雪姫を森の中に連れて行き、殺しておしまいなさい。
家来②	そっ、そんな・・・。白雪姫を殺すなんて・・・。
家来全員	そんなこと、できません！

おきさき、上手に向かって大声で家来たちを呼び、家来たち、上手から登場し、おきさきに近づく。

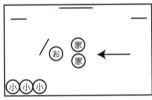

家来たち、手をふって、できないと訴える。

おきさき	私の命令が聞けない者は、命がありませんよ。
家来①	そっ、そんな・・・。
おきさき	わかりましたね！　じゃあ、さっさとおやりなさい。
家来②	わっ、わかりましたけど・・・。

おきさき、上手に下がる。

小鳥①	おきさき様は、白雪姫を殺せば、自分がまたこの世で一番美しくなれると思ったんですね。
小鳥②	何てひどいことを・・・。
小鳥③	そして、家来たちは、言われたように、白雪姫を呼び、森の中へ連れて行きました。

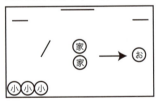

白雪姫、下手から登場し、家来たちのところへ近づく。

家来①	白雪姫様、私たちと森の中へ行きましょう。
白雪姫	森の中へ？　どうして？
家来②	おきさき様の言いつけなのです。

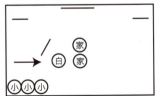

幕閉める
（幕　前）

家来①	私たちは、おきさき様に、白雪姫様を殺すように言われました。
白雪姫	そうだったのね・・・。
家来②	でも、そんなことはできません。
家来①	だから、どうかおきさき様に見つからないように、森の中へ逃げてください。
家来②	白雪姫様を森の中で殺したと、おきさき様には伝えておきます。
白雪姫	ありがとう。
小鳥①	そう言うと、家来たちはお城に帰って行きました。
白雪姫	森の中って暗くて、怖いわ。道もよくわからないし、これからどうしましょう・・・。

♪効果音

CD 86　不安そうな音　＜楽譜 P.129＞

小鳥②	かわいそうな白雪姫・・・。
小鳥③	森の中の小人の家を教えて、白雪姫を助けてあげましょうよ。
小鳥①、②	そうしましょう！
小鳥③	白雪姫さん、こんにちは。
白雪姫	あら、小鳥さんたち、こんにちは。
小鳥①	ここを進んで行ったら、小人の家がありますよ。
小鳥②	そこに行けば、きっと小人たちが親切にしてくれますよ。
白雪姫	そうなのね。それは、ご親切に教えてくれて、どうもありがとう。
小鳥③	そして、白雪姫は森の中を進んで行きました。

白雪姫、家来たち、下手から登場。

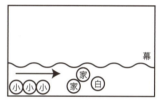

家来たち、下手に下がる。

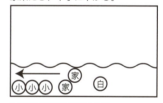

Advice
白雪姫は、高めの声で、不安げにセリフを言いましょう。

小鳥たち、白雪姫に近づく。

白雪姫、上手に下がる。
小鳥たちは、舞台左手前に戻る。

第2幕 - 幕開く

(小人の家)

白雪姫	やっと見つけたわ。ここが小人さんの家ね。
小鳥①	すると、家の中から小人たちが出て来ました。
小人①	あれっ、かわいい女の子がいる！
白雪姫	こんにちは、小人さんたち。
小人全員	こんにちは！
小鳥②	白雪姫は、お城に住んでいたことや、おきさき様に殺されそうになって、森の中に逃げて来たことなどを小人たちに話しました。
小人②	それはかわいそうに・・・。
小人③	もう、お城へは帰れないんでしょ？
白雪姫	うん。もうどこにも行くところがないの。
小人④	じゃあ、ぼくたちとここで一緒に暮らそうよ！
白雪姫	ほんと！？
小人⑤、⑥	ほんとだとも！
白雪姫	それは嬉しいわ。
小人⑦	ぼくたちも嬉しいよ。

♪歌
(白雪姫、小人全員)

CD 81-82　いっしょに暮らそう　＜楽譜 P.129＞

こびとの　いえで　くらそうよ
みんなで　いっしょに　くらそうよ
こびとの　いえは　にぎやかで
いっしょに　くらせば　たのしいよ
こびとの　いえで　くらそうよ
みんなで　いっしょに　くらそうよ

白雪姫、上手から登場し、小人の家に近づく。家の裏から、小人たちが現れる。

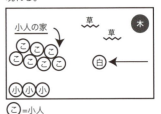

こ＝小人

Advice
白雪姫は、不安だった気持ちから、小人たちに一緒に暮らそうと言われて、嬉しい気持ちに一転する様子を、表情豊かに表現しましょう。

白雪姫、小人たち、バラバラに立って、嬉しそうに元気よく歌う。

小鳥③	そうして、白雪姫は、小人の家で一緒に暮らすことになりました。
小鳥①	ところが、お城では、またおきさき様が怒っていました。

幕閉める
（幕前）

おきさき	鏡よ鏡、この世で一番美しいのはだあれ？
鏡	（それは、森の中で小人たちと暮らしている白雪姫です。）
おきさき	なっ、何ですって！？　白雪姫はまだ死んでいなかったの！？

幕前に鏡を置き、お城の中の設定とし、おきさきが上手から登場して鏡の前でセリフを言う。

このセリフは、保育者が事前に録音しておいたものを流す。

♪効果音　CD 85　衝撃の音　＜楽譜P.129＞

おきさき	家来たち、私をだましたわね！ 仕方がない。じゃあ、今度は私が白雪姫を殺してやるから。
小鳥②	おきさき様は、そう言うと、森の中へ入って行きました。

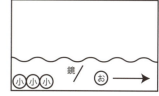

おきさき、上手に下がる。

第3幕 - 幕開く
（小人の家）

小鳥③	白雪姫は、小人たちと毎日楽しく暮らしていました。
小人①	ぼくたちは、木の実を拾いに出かけるから、 白雪姫はお留守番をしていてね。
白雪姫	うん。
小人②	知らない人が来たら、気をつけるんだよ。
白雪姫	わかったわ。
小人全員	じゃあ、行って来ま〜す！
白雪姫	小人さんたちが木の実を取りに行っている間、私はきのこでも採ってくるわ。
小鳥①	そこへ、森のリスたちがやって来ました。
リス①	白雪姫、こんにちは。
白雪姫	あら、リスさんたち、こんにちは。
リス②	何をしているの？
白雪姫	きのこを採っているの。
リス①	じゃあ、ぼくたちも手伝うよ。
白雪姫	それは嬉しいわ。ありがとう。
リス②	じゃあ、たくさんきのこを採ろう！
小鳥②	白雪姫たちがきのこを採っていると、木の陰からその様子をそっとのぞいている者がいました。
リス①	きのこ、たくさん採れたよ。
リス②	はい、どうぞ。
白雪姫	すごい！　助かったわ。リスさんたち、どうもありがとう！
リス①	どういたしまして。
リス②	また遊ぼうね！
リス全員	バイバイ！
白雪姫	リスさんたちのおかげで、こんなにたくさんきのこが採れたわ。
小鳥③	そこへ、りんご売りのおばあさんがやって来ました。
小鳥①	でも、あれは・・・。

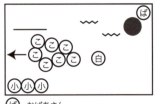

ば＝おばあさん

小人たち、手をふりながら、下手に下がる。

白雪姫、小人の家の横に置いてあったかごを持って、きのこを探そうとする。きのこは、あらかじめ、草の後ろに置いておく。

リスたち、上手から登場し、白雪姫に近づく。

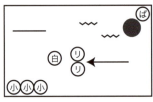

白雪姫とリスたち、草の後ろのきのこを採る真似をする。

りんご売りのおばあさんに扮装して、りんごを入れた手さげかごを持ったおきさきが、あらかじめ木の陰に隠れている。

リスたちは、採ったきのこを白雪姫に渡し、かごに入れる。

リスたち、上手に下がる。

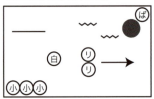

おばあさん	お嬢さん、私はりんご売りですよ。おいしいりんごはいかが？	おばあさん、白雪姫に近づき、手さげかごのりんごをひとつ差し出す。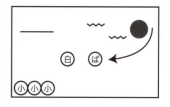
白雪姫	まあ、おいしそうなりんご！	
おばあさん	おひとつ味見なさってください。さあ、どうぞ。	
白雪姫	ありがとう！　じゃあ、いただくわ。	
おばあさん	イヒヒヒ・・・。	
白雪姫	いただきます！ あらっ、何だかのどが・・・。くっ、苦しい・・・。	白雪姫は、りんごを受け取って、かじる真似をする。その後、りんごを床に落として、苦しそうにのどに手をあて、倒れる真似をする。

♪効果音

CD 85　衝撃の音　　　＜楽譜 P.129＞

りんごをひと口かじった白雪姫は、その場に倒れてしまいました。
りんご売りのおばあさんは、実はおきさき様だったのです。
白雪姫を殺すために、りんごに毒をぬっていたのです。
ついに、白雪姫は死んでしまいました。

そこへ、小人たちが帰って来ました。

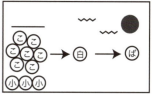

おばあさんは上手に下がる。
その後、小人たちが下手から登場し、白雪姫に近づく。

小人③	ただいまー！
小人④	あっ、白雪姫が倒れてる！
小人⑤	し、死んでるよ・・・。
小人全員	えーっ！
小人⑥	あっ、りんごが転がってる！
小人⑦	白雪姫がかじった跡があるよ。
小人①	きっと、そのりんごに毒がぬってあったんだよ。
小人②	誰かが、その毒りんごを白雪姫に食べさせたんだな。
小人③	そんな・・・。
小人全員	白雪姫！　エーン、エーン・・・。

小人⑥が、床に転がっているりんごを拾い上げる。

Advice
小人たちは、白雪姫が死んでしまったことを嘆き悲しむように、大げさに泣く真似をしましょう。

♪歌
（小人全員）

CD 83-84　かわいそうな白雪姫　　　＜楽譜 P.130＞

どくりんごを　かじって
しんでしまった　しらゆきひめ
なんにも　わるいこと　してないのに
かわいそうな　かわいそうな　しらゆきひめ

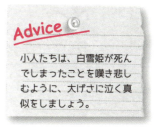

小人たち、バラバラに立って歌う。

小鳥①	小人たちが悲しみに暮れていると、そこへ隣の国の王子様が通りかかりました。	王子様、上手から登場。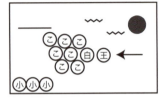
王子様 小人④ 王子様	皆さん、どうかなさったんですか。 白雪姫が死んでしまったんです。 こっ、これはなんと美しいお方・・・。	
小鳥② 小鳥③	王子様は、白雪姫の美しさに驚き、ふいにほおを触りました。 すると・・・。	王子様、しゃがんで白雪姫のほおをそっとなでる。
白雪姫	ああ・・・。	白雪姫、床に倒れたまま、目を開ける。
小鳥①	なんと、白雪姫が生き返ったのです。	
小人⑤ 小人⑥ 小人⑦ 小人全員	あっ、白雪姫が目を覚ました！ 白雪姫が生き返ったぞ！ やったー！ やったー！	 **Advice** 小人たちは、悲しみから、一転して、白雪姫が生き返ったことを喜ぶ様子を、表情豊かに表現しましょう。
♪効果音	🅒🅓 **87　喜びの音**　　＜楽譜 P.130＞	
小鳥②	そうです、王子様のおかげで、奇跡が起きたのです。	
小鳥③	小人たちは、嬉しくて、飛び跳ねました。	小人たち、嬉しそうに飛び跳ねる。
王子様 白雪姫 王子様	美しいお方、お名前は？ 白雪姫です。あなたは？ 私は、隣の国の王子です。生き返って、よかったです。	王子様は、白雪姫の上半身を片手で抱き起こして、セリフを言う。
小鳥①	白雪姫と王子様は、いつまでも見つめ合いました。	王子様と白雪姫、見つめ合う。
小鳥②	そして、それからというもの、白雪姫は王子様と結婚して、いつまでも幸せに暮らしました。	
小鳥③	よかったね！	
小鳥① 小鳥②、③	これで、「白雪姫」のお話は、 おしまい。	

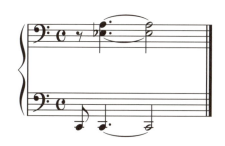

かわいそうな白雪姫

作詞／作曲：井上明美

CD tr.83：歌入り
tr.84：カラオケ

どくりんごを かじって しんでしまった しらゆきひめ

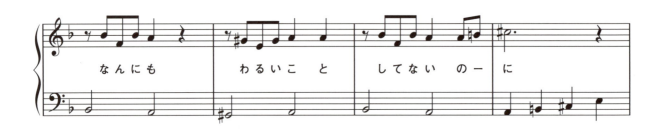

なんにも わるいこと してない のーに

前奏

かわいそう な かわいそう な しらゆき ひ め

tr.87 喜びの音

ポルトガルの民話

王様の耳はロバの耳

【対象年齢】4〜5歳児　CD tr.88-95

あらすじ

昔々、ある国に、とても立派な王様がいました。ところが、いつも大きな帽子をかぶっていた王様には、誰にも言えない秘密がひとつだけあったのです。王様の髪を切る床屋だけが、その秘密を知っていました。なんと、王様の耳はロバの耳だったのです。髪を切るたびに、床屋は、王様にその秘密をもらさないように、厳しく言われていました。でも、そう言われれば言われるほど、床屋は、その秘密を誰かに言いたくて仕方ありません。床屋は、偶然通りかかった神父様にアドバイスをもらい、誰もいない場所に穴を掘って、そこにその秘密を叫んで、その後で穴を埋めることにしました。
ところが、その埋めた土からアシが生え、風が吹くと、風と共に「王様の耳はロバの耳」と歌い出したのです。そのうわさは、お城にも届きました。床屋は、殺されても構わない覚悟で王様に謝りました。でも王様は、隠していた自分の方が悪かったと言って、帽子を脱ぎました。それからというもの、王様は大きな耳でみんなの話をよく聞いて、国はますます栄えたそうです。

キャスト

王様（1人）
長めの茶のヘアピース。グレーのフェルトの耳をつけ、頭につける。青いシャツとパンツに、黄色いベルト。赤いサテンのガウンと首元に赤いリボン。ガウンの縁は白いサテン。黒いくつ。

家来（2人）
髪をムースで固める。緑のジャケットとパンツ。白い大きなえりをつける。白いタイツに黒いくつ。

床屋（1人）
茶のベレー帽。白い綿のシャツに茶のベストとエプロン。黒いパンツに茶のブーツ。くし・ハサミ・鏡を入れたポシェットを肩からかける。

神父（1人）
黒のガウンに金の十字架のネックレス。黒いくつ。手には本物の聖書。

※キャストの続き、次ページへ→

準備するもの

● 柱

● 盛った土

● 草

段ボール板で作り、色をつける。段ボールか大きな積み木で支える。

● お城の窓

板目紙に描く。舞台背景につける。

● 王様の帽子

赤いフェルト生地の帽子に金の布、ガラスのビーズをつける。厚紙に黄色いフェルトを貼ったものを上につける。

● いす
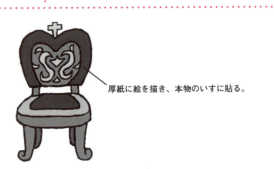

厚紙に絵を描き、本物のいすに貼る。

● 床屋のポシェット

● 手鏡 ● カットクロス

● ハサミ

厚紙を切り、アルミホイルを巻いたり、色をつける。

● くし

ハサミ以外は本物を使用。

● スコップ

段ボールに色紙を貼って作ったものを棒の先に貼る。

丸めた新聞紙を厚紙でおおい、ビニールテープで巻く。

アシ（3〜4人）
緑の折り紙で作った葉をモールにつけ、それをはちまきに貼って頭につける。モスグリーンのTシャツとパンツ。茶のタイツ。

風（3〜4人）
顔の部分を開け、段ボールを風の形に作ったものにつける。水色のTシャツとパンツに、グレーのタイツ。

町の人（4〜6人）
チロリアンハットに白いシャツ。えり元に紺のリボン。カーキ色のベストとパンツ。

ナレーター（3人）
紺のブレザーとパンツに赤い蝶ネクタイ。白いハイソックスに黒いくつ。

登場人物	セリフ・歌・効果音など	動き・アドバイスなど

第1幕
（お城の中）

ナレーター① ナレーター② ナレーター③ ナレーター全員	昔々、ある国に、とても立派な王様がいました。 王様のおかげで国は栄え、その国に暮らす人たちは、みんな王様のことを尊敬していました。 でも、王様には、誰にも言えない秘密がひとつだけあったのです。 それは・・・。	舞台中央に、王様と家来たちが立っている。王様は帽子をかぶっている。 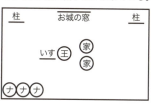
家来① 家来② 王様 家来① 王様 家来②	王様、今日は床屋さんが来る日です。 その大きな帽子は、脱いでおいたらいかがでしょう？ いや、床屋が来たら脱ぐからいいんじゃ。 でも、そんなに大きな帽子をかぶっていたら、お暑いでしょうに。 いやいや、暑くなんかないぞ。 そうですか・・・。	
ナレーター① ナレーター② ナレーター③	王様は、帽子を脱ぎたがらないようですね。 あの帽子の下に、何か秘密があるのでしょうか・・・。 実は、床屋さんだけが、その秘密を知っていたのです。	
家来① 家来②	王様、床屋さんがいらっしゃいました。 さあ、こちらへどうぞ。	床屋、ハサミ、くし、手鏡を入れたポシェットを下げ、手にはカットクロスを持って上手から登場。 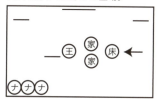
床屋 王様	王様、お邪魔いたします。 待っておったぞ。さあ、家来どもは、下がっておれ。 決して、髪を切っているところを見てはならぬぞ。	
家来全員	はは一っ！	家来たち、上手に下がる。 王様はいすに座る。

王様 床屋	髪がずいぶん伸びてきたからな。すっきりと短くしてくれたまえ。 はい、かしこまりました。では、帽子を取りますよ。
ナレーター①	床屋さんが帽子を取ると、帽子の下から、太くて大きなロバの耳が現れました。

床屋、王様の首にカットクロスをかけ、帽子を取る。

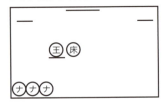

♪効果音

> 🎵 CD 92 衝撃の音　　　　　　　　　　＜楽譜 P.142＞

ナレーター②	そうです、なんと、王様の耳はロバの耳だったのです。
床屋 王様	じゃあ、切りますよ。 頼む。
ナレーター③	そして、床屋さんは、王様の髪を切っていきました。

床屋は、ポシェットからハサミとくしを取り出して、王様の髪の毛を切る真似をする。

♪歌
（ナレーター全員）

> 🎵 CD 88-89 床屋さんのうた　　　　　　＜楽譜 P.140＞
>
> チョキチョキ　チョキチョキ　はさみうごかし
> おうさまの　かみを　きっていく
> ロバの　みみの　まわりに　はえた
> おうさまの　かみを　きっていく
> チョキチョキ　チョキチョキ　リズミカルに
> おうさまの　かみを　きっていく

ナレーターたち、左手前の定位置に立ったまま、歌う。

床屋 王様 床屋	王様、こんな感じでいかがでしょうか？ よし、いいぞ。さっぱりした。 では、私はこれで失礼いたします。
王様 床屋	わかっているだろうが、わしの耳のことは、決して誰にも言ってはならぬぞ。もしも誰かにしゃべったら、その命はないものと思え。 重々わかっております。決して誰にも言いません。神様に誓います。

床屋、ハサミとくしをポシェットにしまい、王様に手鏡を渡す。
王様は、手鏡で自分を映して見る。
床屋は、王様にかけたカットクロスを外し、たたんで手に持つ。

Advice
王様は、語気を強めて、脅すように、セリフを言いましょう。

ナレーター① ナレーター② ナレーター③	床屋さんは、そう言うと、帰って行きました。 王様の秘密をしゃべったら、殺されてしまうなんて、床屋さんが何だかちょっとかわいそうですね・・・。 誰にも言うなと言われると、よけいに誰かに言いたくなっちゃいますよね。

床屋、下手に下がる。

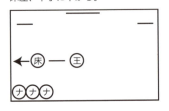

幕閉める

（幕 前）

床屋	ああ、口がむずむずする・・・。誰にも言うなと言われても、ついつい誰かに言いたくなっちゃうよな。ああ、どうしたらいいんだろう・・・。
ナレーター①	床屋さんは、やっぱり王様の秘密を誰かに言いたくて、仕方なかったようですね。
ナレーター②	そんなところへ、神父様が通りかかりました。
床屋	あっ、神父様、ちょっと私の話を聞いていただけますか。
神父	何でしょう？
床屋	私は、誰にも言ってはならない秘密を持っています。もし言えば、私は殺されてしまうのです。
神父	フムフム・・・。
床屋	でも、私はこのまま黙っているのが、辛くてたまりません。どうしたらいいのでしょう？
ナレーター③	床屋さんは、神父様に相談しました。すると神父様は、こう答えました。
神父	それでは、誰もいない場所に穴を掘って、その穴の中へあなたがお持ちの秘密を何度も叫びなさい。
床屋	ははあ・・・。
神父	そうすれば、きっと気持ちが軽くなるでしょう。その後で、穴を埋めておけば、その秘密がもれることはないでしょう。
床屋	なるほど！
♪効果音	**CD 93　ひらめきの音**　＜楽譜 P.142＞
床屋	わかりました。そうします！　ありがとうございました！

床屋、下手から登場。

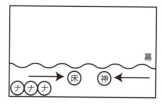

神父、上手から登場。

Advice

床屋は、困っている様子を表現するように、手ぶりを交えながら、大げさにセリフを言いましょう。

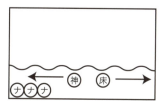

床屋は元気よくセリフを言い、上手に下がる。神父は下手に下がる。

第2幕 - 幕開く

（空き地）

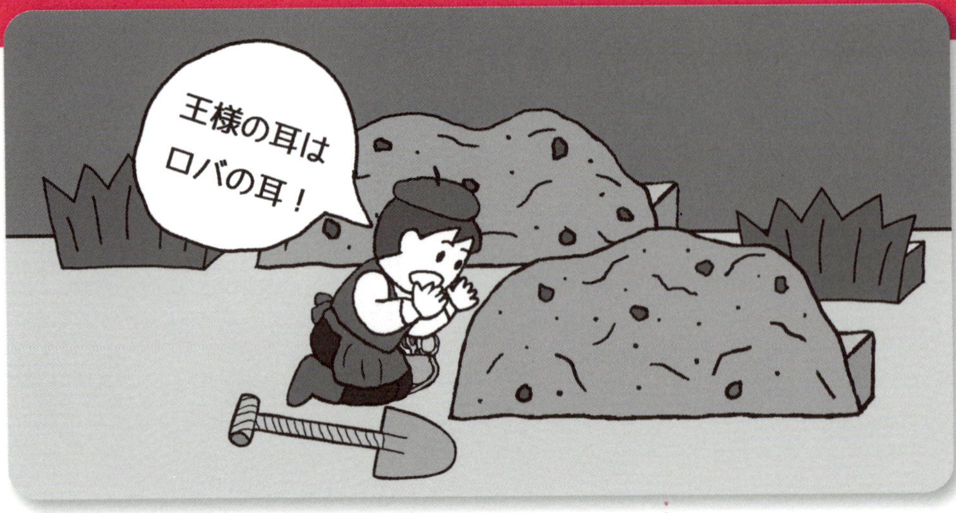

ナレーター①　床屋さんは、神父様にアドバイスされると、空き地にやって来ました。

床屋、スコップを持って上手から登場し、まわりを見渡して、土が盛ってあるところを掘る真似をする。

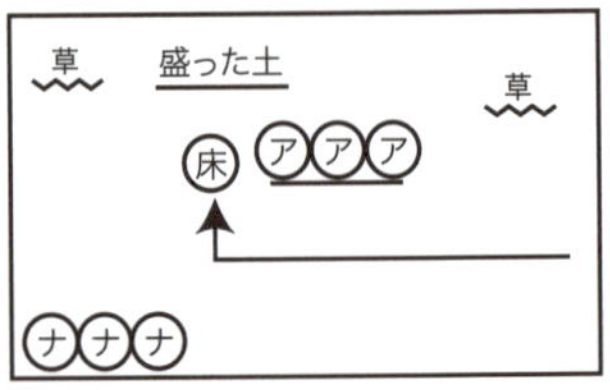

床屋　よし、ここなら誰もいないぞ。じゃあ、この辺を掘ろう。

ナレーター②　そして、深い穴を掘っていきました。

床屋　さあ、掘れた。じゃあ、いくぞ。
王様の耳はロバの耳！　太くて大きなロバの耳！
誰も知らない王様の秘密！　王様の耳はロバの耳！

床屋、スコップを床に置き、穴を掘ったイメージで、穴に向かい、両手を口にあてて、大声でセリフを言う。

床屋　あー、すっきりした！　じゃあ、これで穴を埋めよう。

床屋、スコップで穴を埋める真似をし、スキップをして上手に下がる。

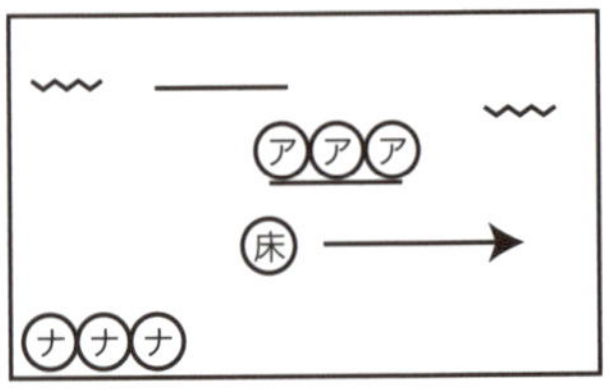

ナレーター③　床屋さんは、穴を埋めると、気持ちが軽くなって、晴れやかに帰って行きました。

床屋　ランラ、ランラ、ラン・・・。

ナレーター①　ところが、何日かすると、床屋さんが穴を埋めた場所からアシという植物が、ニョキニョキと生えてきました。

盛った土の後ろにあらかじめ隠れていたアシたちが、盛った土の後ろから立ち上がる。

ナレーター②　そして、そこに風が吹いてきました。

♪効果音　CD 94　**風が吹く音**　<楽譜 P.142>

風全員　ヒュー、ヒュー、ヒュー、ヒュー・・・。

風たち、下手からゆっくり登場し、舞台中央をまわる。

ナレーター③　すると、アシが揺れて・・・。

| アシ全員 | 王様の耳はロバの耳、王様の耳はロバの耳・・・。 | アシたち、体を揺らしながら、セリフを言う。 |

| ナレーター① | アシが、そうささやいたのです。 |
| ナレーター② | そして、風がもっと強くなると、風と一緒に歌い出しました。 | 風たち、小走りで舞台中央をまわる。 |

♪歌
（アシ、風全員）

CD 90-91　王様の耳はロバの耳　＜楽譜 P.141＞

おうさまの　みみは　ロバの　みみ
ふとくて　おおきな　ロバの　みみ
だれも　しらない　おうさまの　ひみつ　（ひみつ）
おうさまの　みみは　ロバの　みみ
ながくて　おおきな　ロバの　みみ

アシたちは、その場で、また風たちは舞台中央にバラバラに立って歌う。

歌い終わったら、風たちは下手に下がる。

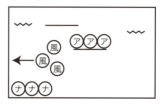

| ナレーター③ | そこへ、町の人たちが通りかかりました。 |

町の人①	ねえねえ、聞いた？　王様の耳はロバの耳だって！
町の人②	うん、聞こえた！　王様の耳はロバの耳って、本当かな？
町の人③	まさか・・・。でも、そう言えば王様っていつも大きな帽子をかぶっているよね。
町の人④	そうだね。王様の耳って見たことないね。
町の人①	ってことは・・・。
町の人全員	本当かも！

町の人たち、下手から登場。

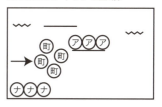

町の人②	わあ、そうなんだ！
町の人③	それは、すごいニュースだね！
町の人④	それは、みんなに教えてあげなくっちゃ！

Advice
町の人たちは、身ぶり手ぶりを交えながら、表情豊かにそれぞれのセリフを言いましょう。

幕閉める
（幕　前）

ナレーター①	王様の秘密は、あっという間に国中に知れ渡りました。
ナレーター②	そして、お城にもそのうわさは、届いてしまいました。
家来①	あのうわさは、本当なんだろうか？
家来②	王様の髪を切っている床屋なら、きっと本当のことを知っているはずだ。
家来①	なるほど！　じゃあ、床屋を呼んで、問いただしてみよう。
家来②	それがいいな。

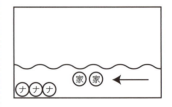

家来たち、上手から登場。

家来たち、上手に下がる。

第3幕 - 幕開く
（お城の中）

ナレーター③	そして、家来たちは、床屋さんをお城に呼び出しました。
家来①	あのうわさは、本当なのか？
家来②	床屋さんなら、知っているだろう？
床屋	あの・・・、その・・・。
家来①	本当のことを教えてくれよ。
家来②	どうなんだ？
床屋	実は・・・、本当なんです。王様の耳はロバの耳なんです。
家来全員	やっぱり・・・。
♪効果音	CD 92　衝撃の音　　＜楽譜 P.142＞

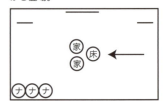

家来たち、床屋を引き連れて、上手から登場。

Advice
床屋は、言い迷う様子から、一転して、本当のことを言う決心をしたかのように、強めにセリフを言うとおもしろいでしょう。

床屋	でも、王様の耳がロバの耳だって、いいじゃないですか。 きっと、みんなの声がよく聞こえるために、太くて大きな耳になったんですよ。
ナレーター①	そこへ、王様がやって来ました。
床屋	あっ、王様！ 私のせいで、王様の秘密が町中にばれてしまいました。どうか、お許しください。私はもう、殺されても構いません。
王様	いやいや、隠していたわしが悪いのじゃ。お前には辛い思いをさせてしまった。これからは、堂々と耳を見せるよ。
床屋	王様・・・。
ナレーター②	王様は、そう言うと、帽子を脱ぎました。

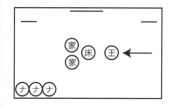

王様、上手から登場。

王様、帽子を脱ぐ。

♪効果音　CD 95　帽子を脱ぐ音　＜楽譜 P.142＞

家来全員	あっ！
家来①	王様、大きな耳が、かっこいいじゃないですか！
家来②	ほんと、かっこいいですよ！
王様	そうか・・・、それは嬉しい。ワッハッハ・・・。
ナレーター③	それからというもの、王様はもう、帽子で耳を隠すことはありませんでした。
ナレーター①	王様は、大きな耳で、みんなの話をよく聞いて、国はますます栄えたそうですよ。
ナレーター②	そして、みんないつまでも幸せに暮らしたそうです。

家来たち、王様の耳を見て驚く。

Advice
王様は、豪快に笑うとおもしろいでしょう。

♪歌（全員）　CD 90-91　王様の耳はロバの耳　＜楽譜 P.141＞

おうさまの　みみは　ロバの　みみ
ふとくて　おおきな　ロバの　みみ
だれも　しらない　おうさまの　ひみつ　（ひみつ）
おうさまの　みみは　ロバの　みみ
ながくて　おおきな　ロバの　みみ

全員が再登場し、舞台中央で整列して歌う。

ナレーター③	これで、「王様の耳はロバの耳」のお話は、おしまい。

床屋さんのうた

作詞／作曲：井上明美

CD tr.**88**：歌入り
tr.**89**：カラオケ

前奏

tr.92 衝撃の音

tr.93 ひらめきの音

tr.94 風が吹く音

tr.95 帽子を脱ぐ音

CDトラック表

お話	tr.	タイトル
浦島太郎	1	＜歌＞ 竜宮城へようこそ
	2	＜歌＞ 竜宮城へようこそ（カラオケ）
	3	＜歌＞ 浦島太郎
	4	＜歌＞ 浦島太郎（カラオケ）
	5	＜効＞ カメが嫌がっている音
	6	＜効＞ 深い海に入って行く音
	7	＜効＞ 心配する音
	8	＜効＞ 衝撃の音
ジャックと豆の木	9	＜歌＞ ジャックと豆の木
	10	＜歌＞ ジャックと豆の木（カラオケ）
	11	＜効＞ 怒りの音
	12	＜効＞ 豆を投げ捨てる音
	13	＜効＞ 鬼が帰って来る音
	14	＜効＞ 金の竪琴の音
	15	＜効＞ 鬼が追いかけて来る音
	16	＜効＞ 鬼が木から落ちる音
はだかの王様	17	＜歌＞ おしゃれな王様
	18	＜歌＞ おしゃれな王様（カラオケ）
	19	＜歌＞ ふしぎな服
	20	＜歌＞ ふしぎな服（カラオケ）
	21	＜歌＞ はだかの王様
	22	＜歌＞ はだかの王様（カラオケ）
	23	＜効＞ 王様が命令する音
	24	＜効＞ 困っている音
	25	＜効＞ 衝撃の音
	26	＜効＞ パレードの音楽
金のおのと銀のおの	27	＜歌＞ 金のおのと銀のおの
	28	＜歌＞ 金のおのと銀のおの（カラオケ）
	29	＜効＞ おのを沼に落とす音
	30	＜効＞ 困っている音
	31	＜効＞ 神様が現れる音
	32	＜効＞ 衝撃の音
金太郎	33	＜歌＞ 金太郎
	34	＜歌＞ 金太郎（カラオケ）
	35	＜効＞ クマが現れる音
	36	＜効＞ 投げ飛ばされる音
	37	＜効＞ すもうをとる音
	38	＜効＞ 大雨の音
	39	＜効＞ かみなりの音
	40	＜効＞ 鬼があばれる音
赤ずきん	41	＜歌＞ 赤ずきん
	42	＜歌＞ 赤ずきん（カラオケ）
	43	＜効＞ オオカミが現れる音
	44	＜効＞ 恐怖シーンの音
	45	＜効＞ オオカミに石があたる音
	46	＜効＞ 針を刺す音
	47	＜効＞ ドアをたたく音
	48	＜効＞ オオカミが池に落ちる音

お話	tr.	タイトル
みにくいアヒルの子	49	＜歌＞ みにくいアヒルの子
	50	＜歌＞ みにくいアヒルの子（カラオケ）
	51	＜歌＞ 白鳥の群れ
	52	＜歌＞ 白鳥の群れ（カラオケ）
	53	＜効＞ 不思議なイメージの音
	54	＜効＞ 悲しみの音楽
	55	＜効＞ みにくいアヒルの子が逃げる音
	56	＜効＞ 白鳥が優雅に飛ぶ音
	57	＜効＞ 驚きの音
ヘンゼルとグレーテル	58	＜歌＞ ヘンゼルとグレーテル
	59	＜歌＞ ヘンゼルとグレーテル（カラオケ）
	60	＜効＞ 小鳥の鳴き声
	61	＜効＞ 衝撃の音
	62	＜効＞ 心配な音楽
	63	＜効＞ 喜びの音
	64	＜効＞ 恐怖シーンの音
	65	＜効＞ 魔女をかまどに押し込む音
まんじゅうこわい	66	＜歌＞ まんじゅうこわい
	67	＜歌＞ まんじゅうこわい（カラオケ）
	68	＜効＞ ワイワイガヤガヤする音
	69	＜効＞ 怖がる音
	70	＜効＞ びっくりする音
	71	＜効＞ 衝撃の音
3匹の子ブタ	72	＜歌＞ お家をつくろう
	73	＜歌＞ お家をつくろう（カラオケ）
	74	＜効＞ ひらめきの音
	75	＜効＞ 元気よく材料を集めに行く音
	76	＜効＞ オオカミたちが現れる音
	77	＜効＞ オオカミたちが息を吹きかける音
	78	＜効＞ 衝撃の音
	79	＜効＞ オオカミたちが暖炉に落ちる音
	80	＜効＞ オオカミたちが逃げて行く音
白雪姫	81	＜歌＞ いっしょに暮らそう
	82	＜歌＞ いっしょに暮らそう（カラオケ）
	83	＜歌＞ かわいそうな白雪姫
	84	＜歌＞ かわいそうな白雪姫（カラオケ）
	85	＜効＞ 衝撃の音
	86	＜効＞ 不安そうな音
	87	＜効＞ 喜びの音
王様の耳はロバの耳	88	＜歌＞ 床屋さんのうた
	89	＜歌＞ 床屋さんのうた（カラオケ）
	90	＜歌＞ 王様の耳はロバの耳
	91	＜歌＞ 王様の耳はロバの耳（カラオケ）
	92	＜効＞ 衝撃の音
	93	＜効＞ ひらめきの音
	94	＜効＞ 風が吹く音
	95	＜効＞ 帽子を脱ぐ音

※＜効＞＝効果音

● 編著者

井上 明美（いのうえ あけみ）

国立音楽大学教育音楽学科幼児教育専攻卒業。卒業後は、㈱ベネッセコーポレーション勤務。在籍中は、しまじろうのキャラクターでおなじみの『こどもちゃれんじ』の編集に創刊時より携わり、音楽コーナーを確立する。退職後は、音楽プロデューサー・編集者として、音楽ビデオ、CD、CDジャケット、書籍、月刊誌、教材など、さまざまな媒体の企画制作、編集に携わる。２０００年に編集プロダクション アディインターナショナルを設立。主な業務は、教育・音楽・英語系の企画編集。同社代表取締役。http://www.ady.co.jp
同時に、アディミュージックスクールを主宰する。http://www.ady.co.jp/music-school/
著書に、『CD付きですぐ使える みんなが主役の劇あそび！』、『子どもがときめく名曲＆人気曲でリトミック』『かわいくたのしいパネルシアター』（いずれも自由現代社）他、多数。

● 情報提供

学校法人 東京吉田学園 久留米神明幼稚園／小林由利子　簑口桂子　齊藤和美　山縣洋子

● 編集協力

アディインターナショナル／大門久美子　新田 操　福田美代子

● イラスト作成

鈴木清安

● CD制作

ピアノアレンジ・ピアノ演奏／井上明美
歌唱／伊藤蒼真　水谷晃子
録音スタジオ／株式会社NSS
サウンドアレンジ／岩波謙一　岩波 琴
サウンドプロデュース／岩波謙一

CD付きですぐ使える **みんなかがやく！名作劇あそび特選集** ──── 定価（本体2000円＋税）

編著者────井上明美（いのうえあけみ）
表紙デザイン──オングラフィクス
発行日────2016年9月30日　第1刷発行
　　　　　　2022年8月30日　第8刷発行
編集人────真崎利夫
発行人────竹村欣治
発売元────株式会社自由現代社
　　　　　〒171-0033　東京都豊島区高田3-10-10-5F
　　　　　TEL03-5291-6221／FAX03-5291-2886
　　　　　振替口座 00110-5-45925
ホームページ──http://www.j-gendai.co.jp

皆様へのお願い

出版物を権利者に無断で複製（コピー）することは、著作権の侵害（私的利用など特別な場合を除く）にあたり、著作権法により罰せられます。また、出版物からの不法なコピーが行なわれますと、出版社は正常な出版活動が困難となり、ついには皆様方が必要とされるものも出版できなくなります。私共は、著作権の権利を守り、なおいっそう優れた作品の出版普及に全力をあげて努力してまいります。どうか不法コピーの防止に、皆様方のご協力をお願い申し上げます。

株式会社自由現代社

ISBN978-4-7982-2131-1

●本書で使用した楽曲は、内容・主旨に合わせたアレンジによって、原曲と異なる又は省略されている箇所がある場合がございます。予めご了承ください。
●無断転載、複製は固くお断りします。　●万一、乱丁・落丁の際はお取り替え致します。